NEGOCIOS POSITIVOS

minimice el estrés, MAXIMICE EL ÉXITO

NEGOCIOS POSITIVOS

minimice el estrés, MAXIMICE EL ÉXITO

CLARE HARRIS

BLUME EMPRESA

BLUME

Título original:
Minimise Stress, Maximise Success

Traducción:
Jorge González Batlle
Cristina Rodríguez Castillo

Revisión científica y técnica de la edición española:
Alejandro Peña Ströhlein
Profesor de Dirección y Gestión de Recursos Humanos
Profesor de Organización de Empresas
Facultad de Ciencias Económicas y Empresariales
Universidad de Barcelona

Coordinación de la edición en lengua española:
Cristina Rodríguez Fischer

Primera edición en lengua española 2004

Av. Mare de Déu de Lorda, 20
08034 Barcelona
Tel. 93 205 40 00 Fax 93 205 14 41
E-mail: info@blume.net

I.S.B.N.: 84-8076-486-4

Impreso en Singapur

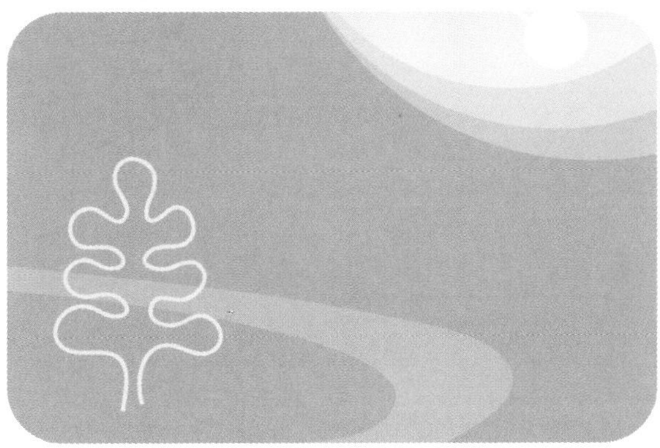

Para Digger, Tamsin y Anna, con cariño

CONTENIDO

PRÓLOGO

Corren tiempos fascinantes para todas las personas interesadas en los vínculos que existen entre el cuerpo y la mente, así como en sus implicaciones prácticas. Hoy en día, en Occidente se está demostrando científicamente, desde una perspectiva bioquímica y celular, ese concepto de «cuerpo-mente» tan propio, y antiguo, de la cultura oriental.

Llevo estudiando desde hace muchos años todo lo que tiene que ver con el estrés: qué hace que una persona esté tensa, qué influencias tiene en sus sentimientos y en su rendimiento, etcétera. Lógicamente, mis estudios me condujeron de forma inevitable a investigar su contrario, esto es, la relajación. Durante mi etapa como maestra, observé hasta qué punto la ansiedad que padecían los niños podía llegar a producirles una especie de parálisis mental que les impedía aprender con normalidad. Me di cuenta entonces de que el secreto para incidir en su progreso de aprendizaje radicaba en dar con el modo de relajarlos y hacer que se sintieran ilusionados y confiados en sí mismos.

Más tarde, cuando me especialicé en fisioterapia y me dediqué a su enseñanza, tuve el privilegio de aprender cuán diferente es el cuerpo de una persona a otra, hasta el punto de que cada cuerpo es único. Cuanta más gente trataba, más claro veía que cada persona responde de un modo particular a la tensión física. Tras estudiar terapia bioenergética pude aprender, asimismo, que cada uno de nosotros responde también de una manera particular a la tensión emocional y que esos estados de ansiedad, temor o cólera se manifiestan en nuestro organismo, como puede corroborar cualquier terapeuta bioenergético.

Años después me formé como consultor integral. Aprendí mucho, pero considero que en esta disciplina se hace demasiado hincapié en la mente y muy poco en el cuerpo. Con el tiempo me di cuenta de que, si mi verdadera vocación era tratar a las personas desde un punto de vista terapéutico, tenía que hacerlo con un enfoque holístico, es decir, que abarcara toda la persona en sí, no sólo el cuerpo en el que vivimos, sino también la mente, el corazón y el alma. Me di cuenta (y todavía lo sigo creyendo) de que estaba especialmente capacitada para ayudar a la gente desde esta perspectiva integradora.

Al enseñar en el Management's Praxis Centre for Developing Personal Effectiveness, de la Cranfield School, fui mucho más consciente aún de la extraordinaria presión a la que debemos hacer frente en nuestra vida profesional. Con el inestimable apoyo de mis colegas del centro, empecé a desarrollar diversos programas que tenían como finalidad tomar consciencia de la relación entre el cuerpo y la mente, así como entender y afrontar el estrés desde una perspectiva verdaderamente holística. Mi intención era la de proporcionar a mis alumnos medios necesarios para que pudieran actuar de un modo eficaz en sus estados mental y corporal para liberar cuanta tensión crónica pudieran padecer y alcanzar así un estado de bienestar. La respuesta de los alumnos fue extraordinariamente positiva.

Siento un profundo respeto y admiración por todas aquellas personas que trabajan en grandes empresas, pues ello requiere tener enormes dosis de energía, capacidad de adaptación, aguante y, muchas veces, coraje. Todo cuanto se explica en este libro se ha contrastado en el terreno del mundo empresarial, y es mi deseo que contribuya a liberarle del estrés, a relajarse y a cobrar consciencia de sí mismo para que sea capaz de desplegar todo su potencial y maximizar el éxito.

CÓMO CONSULTAR ESTE LIBRO

Este libro se estructura en cinco capítulos, que juntos conforman una guía de desarrollo personal que enseña toda una serie de eficaces estrategias de carácter práctico para afrontar la presión de la vida laboral.

En el primer capítulo se analiza de qué forma incide el estrés en nuestro trabajo, para lo que se centra sobre todo en sus repercusiones tanto en el organismo como en la mente. Asimismo, se repasan algunas de las causas más extendidas de estrés en el ámbito del trabajo y se enseña a identificar los principales agentes generadores de estrés.

El segundo capítulo analiza de qué modo condiciona el estrés nuestros pensamientos, sentimientos y comportamiento, y hasta qué punto puede afectar negativamente a nuestra salud física y nuestro bienestar. Asimismo, enseña a analizar nuestros pensamientos y cobrar consciencia de los mensajes que nos envía el propio organismo. Se trata con todo detalle el tema de los cambios; y es que hoy en día el trabajo se ha vuelto más imprevisible que nunca. En ese sentido, una vez tomamos consciencia de lo que comporta cualquier proceso de cambio, resulta mucho más fácil hacer frente a las convulsiones que lleva consigo.

Por otro lado, tan sólo cuando somos conscientes del modo en que nos afecta el estrés estamos en condiciones de buscar posibles soluciones. En el capítulo tercero se ofrecen toda una serie de sugerencias perfectamente contrastadas sobre qué hacer para rebajar el estrés y mejorar nuestro bienestar tanto físico como mental. En concreto, se incide en la importancia de controlar la respiración, de realizar el ejercicio físico más adecuado, de llevar una dieta sana y de dormir bien por las noches. Asimismo, se explica cómo hacer frente al estrés mental a través de los pensamientos positivos, la búsqueda de un equilibrio entre la vida profesional y la familiar, y la fijación de nuevos retos y sueños, conformando así una completa y eficaz estrategia antiestrés.

En el capítulo cuarto se ofrecen respuestas concretas a problemas concretos a los que tienen que hacer frente las personas que ostentan un cargo de responsabilidad, desde la toma de decisiones, la confianza en uno mismo o la comunicación a la gestión del tiempo, la delegación o el acoso. Entre las respuestas específicas a todas estas situaciones se proponen ciertos ejercicios físicos o de relajación, cada uno de ellos con su correspondiente símbolo en el margen (tan sólo los que aparecen a todo color hacen referencia al problema en cuestión). En el recuadro que figura a continuación se detallan los diferentes símbolos.

Por último, en el capítulo quinto se incluye un amplio repertorio de ejercicios concebidos para no perder la calma ni la concentración.

GUÍA DE SÍMBOLOS (CAPÍTULO CUARTO)

Los símbolos que aparecen en el margen sugieren la modalidad más apropiada de ejercicios físicos y de relajación en función del tipo de problema al que se haya que hacer frente.

1. ***Contra la frustración***: *ejercicios intensos, como squash, tenis, punching...*

2. ***Introspección***: *ejercicios suaves, como yoga, tai chi, qi gong, estiramientos...*

3. ***Meditación***: *ejercicios de meditación para practicar tanto individualmente como en grupo.*

4. ***Relajación a través de las manos***: *terapias táctiles llevadas a cabo por profesionales, como masajes, shiatsu, reiki...*

5. ***Ejercicio de puesta a punto***: *ejercicios aeróbicos o cardiovasculares, como correr, bicicleta, natación...*

capítulo 1

¿QUÉ NOS ESTÁ PASANDO?

El mundo laboral del siglo XXI se ha convertido en un reto continuo en el que Internet ha transformado la velocidad de la comunicación de tal manera que a menudo es difícil responder y asimilar todos los e-mails y la información que recibimos. Por otro lado, tenemos que convivir con la idea de que «un trabajo para toda la vida» ya es cosa del pasado y que las empresas se han vuelto más implacables que nunca a la hora de llevar a cabo cuantos recortes de plantilla sean necesarios con tal de ganar en competitividad.

Y lo cierto es que cada uno de los seres que formamos parte de este mundo laboral tan frenético e inseguro estamos hechos de carne y huesos y estamos diseñados para vivir en un mundo muy diferente a éste. No cabe duda de que nuestros más remotos antepasados tuvieron que hacer frente a situaciones desesperadas, terroríficas e implacables, pero no es menos cierto que también debieron de disfrutar de algún que otro momento de tranquilidad. En cambio, hoy nuestras vidas parecen sumidas en un frenesí imparable.

En este capítulo se analiza el impacto del estrés de nuestra vida laboral tanto en el cuerpo como en la mente, así como el modo de identificar los agentes generadores de estrés más habituales, sobre todo en el ámbito del trabajo.

EL ESTRÉS, ¿UN RIESGO LABORAL?

El anglicismo «stress» ha adquirido una pésima reputación, cuando lo cierto es que en su origen era el término con que los arquitectos y los ingenieros se referían a la tensión que debían soportar materiales como el metal, de manera que al diseñar un edificio o un puente se pudiera calcular si una estructura determinada era segura o corría el riesgo de derrumbarse. Pero en las últimas décadas del siglo XX pasó a designar, por extensión, la presión negativa que las personas soportamos a lo largo de nuestro día a día, sobre todo en el ámbito laboral.

En realidad, cierto grado de estrés puede crear una actitud positiva de reto e ilusión. ¿Quién no ha formado parte alguna vez de un equipo de personas competentes y comprometidas con la responsabilidad de llevar a cabo un proyecto en un plazo de tiempo limitado? A medida que el nivel de excitación del equipo empieza a ir a más, cada uno

LA LEY DE YERKES-DODSON

La ley de Yerkes-Dodson la enunciaron por primera vez en 1908 los psicólogos Robert M. Yerkes y John D. Dodson al definir el «modelo de U invertida» que permitía medir el efecto de la presión sobre la productividad. Según este modelo, cuando el nivel de estrés sobrepasa cierto límite y se vuelve excesivo y sostenido provoca una disminución del rendimiento y genera pérdida de eficiencia y efectos contraproducentes sobre la salud.

Por otro lado, la ley de Yerkes-Dodson demuestra que tanto un nivel alto como bajo (sorprendentemente) de presión (o estrés) se traduce en un rendimiento pobre. En cambio, un nivel intermedio de presión se traduce en un grado de estimulación y esfuerzo positivo óptimo, esto es, en una mayor productividad.

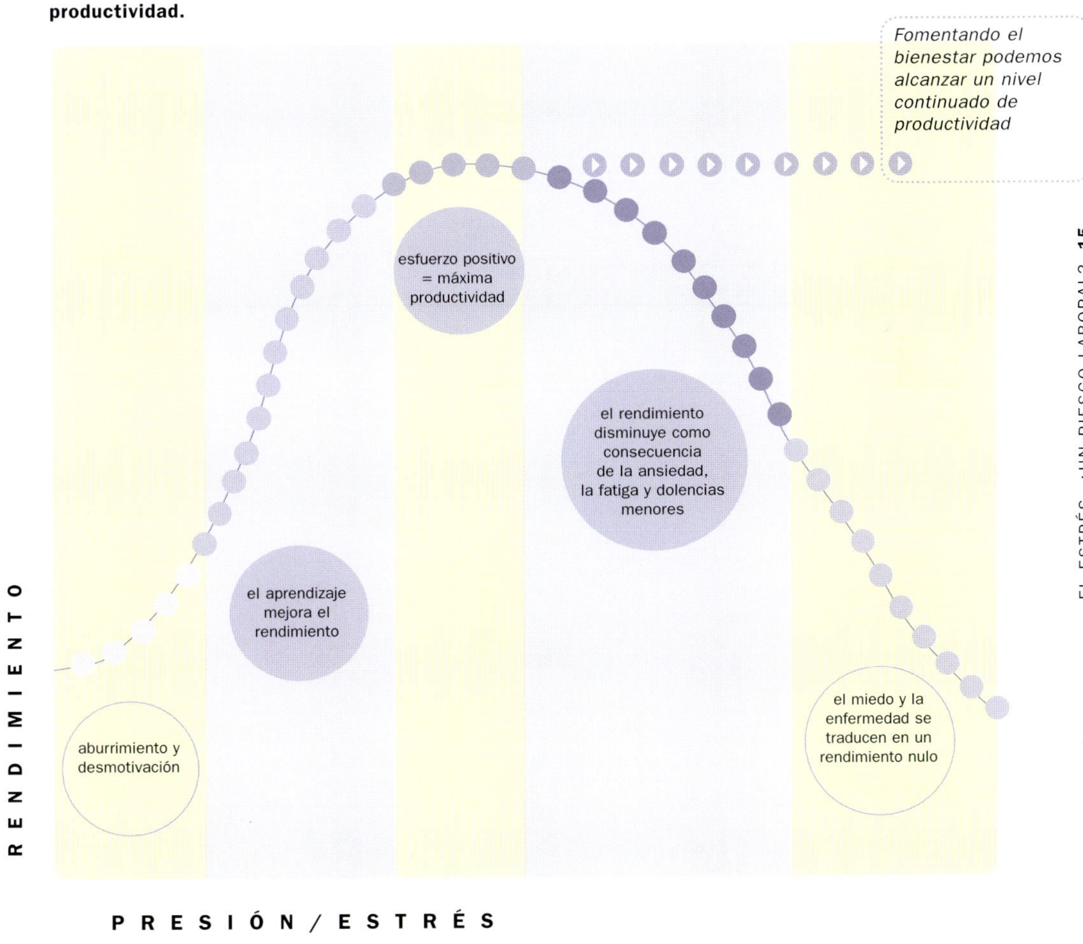

de los integrantes se vuelca en el trabajo hasta que se adueña de todos ellos una especie de frenesí que hace que el proyecto cobre velocidad y concluya satisfactoriamente. Después, todos se preguntan: «¿Pero cómo lo hemos conseguido?». El trabajo bien hecho produce una sensación de orgullo matizada por el alivio que supone habérselo quitado de encima.

Así pues, el estrés a corto plazo puede resultar estimulador y hacer que rindamos de forma extraordinaria. Entonces, ¿cuándo se convierte en un problema? Resulta curioso, pero no sólo es contraproducente cuando es excesivo, sino también cuando es inexistente: cuando una persona se halla por debajo de sus posibilidades acaba aburriéndose y desmotivándose, dos estados anímicos que generan estrés. Recuerdo a aquella brillante compañera que me contaba hasta qué punto le resultaba aburrido el trabajo que se había buscado para sacarse un dinero en vacaciones: «Podría hacerlo con los ojos cerrados. De hecho, hay ocasiones en que lo hago con los ojos cerrados...».

El estrés tan sólo es nefasto cuando se vuelve continuo y permanente. Si una persona está estresada en un momento dado, siempre puede de poner toda la carne en el asador y liberarse del estrés acumulado una vez superada la situación que lo genera. Ahora bien, para superarlo a más largo plazo es preciso ejercitarse en las técnicas antiestrés que se abordan en este libro.

EL IMPACTO DEL ESTRÉS EN EL MUNDO LABORAL

En el mundo laboral de hoy en día la competitividad es tal que exige innovar y aumentar la productividad de manera constante. El éxito de cualquier empresa consiste en ir por delante de la competencia. Los directivos, sumidos en un constante estado de estrés y fatiga, suelen recurrir a frases tan poco amables como «Si no llegas a lo que se te pide, dedícate a otra cosa y deja que otro lo haga por ti. ¡Así es la vida!». Esto sucede, incluso, en empresas que gustan de hacer proclamas del estilo de «¡El activo más importante de la empresa son las personas que trabajan en ella!». Por desgracia, en un mundo tan competitivo como éste la mayoría de las personas tienen que trabajar bajo un estrés excesivo. Así lo demuestran las estadísticas.

- *Estados Unidos tiene en la actualidad la jornada laboral más larga de todo el mundo industrializado.*

- *El 78 % de los trabajadores estadounidenses considera su trabajo estresante y un 50 % afirma que experimenta un considerable estrés todos los días.*

- *Las empresas de Estados Unidos gastan cerca de mil millones de dólares cada año en tratamientos para los empleados que padecen estrés.*

- *Una cuarta parte de los trabajadores de Estados Unidos señala el trabajo como la primera causa de estrés en sus vidas.*

- *En Estados Unidos, los trabajadores de edades comprendidas entre los 25 y los 44 años tienen un 25 % de probabilidades de acabar tan estresados que ven reducido hasta en un tercio su rendimiento diario.*

En realidad, estas cifras se quedan muy cortas. Y es que una persona que está de baja por estrés acaba contagiando a la gente que le rodea. Para alguien que padece estrés, la vida se le hace cuesta arriba y ello repercute irremediablemente en la familia, los amigos y los clientes. Las personas no pueden desarrollar todo su potencial si se encuentran sumidas en un estado permanente de fatiga y malestar. Es por ello que las empresas que de verdad creen que las personas que trabajan en ellas son su activo más importante ayudan a que sus empleados logren hacer frente al estrés.

LA IMPORTANCIA DE LA CONEXIÓN CUERPO-MENTE

Desde nuestra mentalidad occidental tendemos a creer, por lo general, que la mente no guarda relación alguna con el cuerpo pues aducimos que su finalidad no es otra que la de procesar información y solucionar los problemas, mientras que la del cuerpo es llevar a cabo las acciones físicas. Según esto, el correcto funcionamiento de la salud mental no tiene nada que ver con el cuerpo ni, de igual modo, el bienestar del cuerpo depende del estado mental que uno pueda tener. Y lo cierto es que ni el cuerpo ni la mente son independientes entre sí, sino que tanto el uno como el otro están inextricablemente unidos. Se ha demostrado científicamente en muchas ocasiones de qué modo se condicionan mutuamente, incluso a nivel puramente químico y celular. Poco a poco, la gente va tomando consciencia de este hecho, lo que explica que cada vez sean más las personas que descubren de qué modo pueden relajarse ante una experiencia estresante, como una entrevista de trabajo, a partir de un mero ejercicio de visualización, por poner un ejemplo.

Para mucha gente el trabajo se ha convertido en una actividad monótona y rutinaria durante la cual se aprieta el botón de «alerta roja» varias veces al día, manteniendo el cuerpo en un estado ininterrumpido de «confrontación», lo que conduce a desarrollar un estado de progresivo debilitamiento, fatiga mental y de enfermedad crónica.

Sabemos que el trabajo resulta estresante. A simple vista, uno puede estar tentado de pensar que la única manera de reducir ese estrés consiste en «tirar la toalla», pero el hecho de ser consciente de la relación que se establece entre el cuerpo y la mente permite adoptar otra estrategia: cambiar el modo en que se responde a ese entorno estresante.

He tenido la oportunidad de hablar con cientos de empleados acerca de esta conexión entre el cuerpo y la mente, y aunque la mayoría habían oído hablar de ella, no se habían detenido a reflexionar sobre las ventajas que podía representar aprovechar dicho vínculo. De hecho, la mayoría de ellos tan sólo concedían importancia al cerebro, y daban por sentado que el resto del cuerpo era el envoltorio en el que les había tocado vivir (¡y de qué modo tan perjudicial, a veces!). Tomar consciencia de que disfrutar de un estado físico saludable ayuda a potenciar la función cognoscitiva y la capacidad de resolución de problemas, o de que determinados ejercicios mentales contribuyen a reducir la tensión arterial, mejorar el sueño o fortalecer el sistema inmunológico, suele ser toda una revelación. Y es que esta conexión cuerpo-mente también puede ayudar a disfrutar de buena salud física y mental, así como a aprender a vivir la vida plenamente. En una ocasión, el médico de una empresa me dijo: «¿Por qué nadie me enseñó todo esto durante la carrera?».

En este libro exploraremos la relación entre el cuerpo y la mente, y encontrará numerosos ejercicios para aprender paso a paso en qué consiste el estrés y cómo hay que afrontarlo. A medida que desarrolle esa capacidad para administrar la energía mental y física que todos tenemos, será capaz de sacar el máximo partido a su bienestar y alcanzar los objetivos que se marque.

LA QUÍMICA DEL ESTRÉS

Como seres humanos abocados a una vida frenética, la mente se halla sumida en un continuo proceso de interpretación de cuanto sucede a nuestro alrededor. Cualquier hecho del que nos percatemos ha de pasar por nuestro filtro mental y ser tomado en consideración, comparado, analizado y evaluado miles de veces al día. Por ejemplo, al llegar a la oficina podemos pensar: «El jefe no tiene buena cara hoy. ¿Por qué será?». O si nos piden que hagamos un trabajo extra para antes de que acabe el día, podemos preguntarnos: «¿Cómo lo haré para acabar el trabajo y salir a tiempo para ir al partido de mi hijo?».

Cada vez que la mente interpreta algo en términos de anormal, agobiante o angustioso, el cuerpo reacciona adoptando una respuesta de «alarma», denominada como de confrontación/huida, que de hecho es una función innata de supervivencia. Piense en la subida repentina de adrenalina que experimenta cuando casi comete un error al volante o se sobresalta con un ruido extraño en medio de la noche.

Esta reacción de «alerta roja» tiene la única finalidad de provocar una respuesta contundente e inmediata de los músculos ante la eventualidad de salir huyendo o hacer frente a un peligro. Para ponerse en movimiento, los músculos necesitan oxígeno y glucosa, de ahí que en una situación de este tipo el cuerpo adopte una respuesta fisiológica inmediata que permita proporcionar a todos los músculos dicho «combustible». La tensión y el ritmo cardíaco aumentan, las funciones que pueda estar llevando a cabo el organismo, como la digestión, se reducen al mínimo o se interrumpen... Es como cuando salta la alarma contra incendios en la oficina: todo queda en suspenso mientras la gente evacua el edificio; si al final resulta que no hay tal incendio, todos vuelven a sus puestos y se reanuda la actividad normal. De igual modo, en una situación de alerta el sistema nervioso parasimpático devuelve la calma a todo el organismo y todo vuelve a la normalidad. De todos modos, imagine que la alarma contra incendios de la oficina saltase todos los días: ¿cómo afectaría al rendimiento normal de la empresa? La presión que día tras día debe soportar tanta gente es tal que en su organismo acaba aflorando el estrés docenas de veces al día durante semanas o incluso meses, impidiendo así la posibilidad de relajarse y recuperar el equilibrio natural óptimo.

El organismo puede aguantar una situación de estrés un tiempo, pero al final acaba resintiéndose, ya sea con una subida de la tensión arterial, un debilitamiento del sistema inmunológico o problemas digestivos. Tras no pocos años impartiendo clases sobre estrés, en pocas ocasiones me he encontrado con una persona que jamás haya tenido desarreglos intestinales como consecuencia del estrés.

El estrés crónico, esto es, aquellos casos en que el cuerpo se halla sometido a un estado permanente de «alerta roja», viene a ser, tal como me dijo una persona, «como correr a lo largo de un túnel intermina-

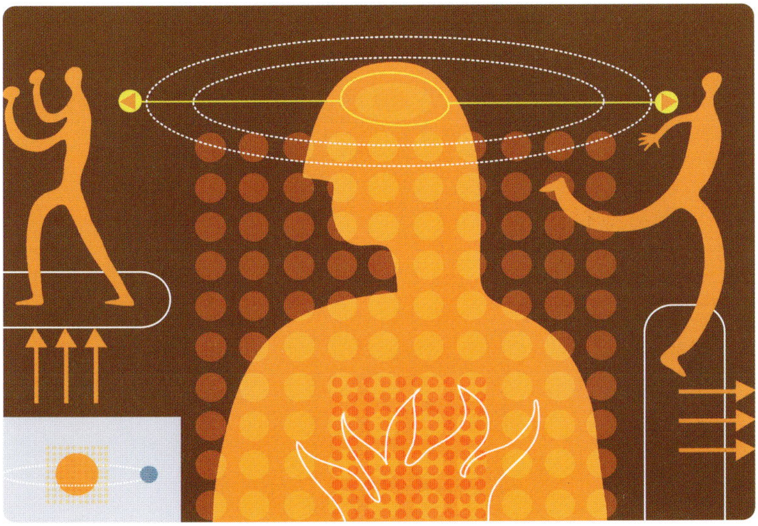

ble sin luz al final del mismo y con una mochila repleta de piedras, sabiendo que lo único que se puede hacer es continuar corriendo a pesar de estar muerto de cansancio». Este tipo de estrés suele tener efectos desastrosos sobre la salud, hasta el punto incluso de provocar la muerte. Y lo cierto es que la mitad de las personas que trabajan en Estados Unidos sufren un alto grado de estrés todos los días. Eso no es vivir, y desde luego no hay que permitir llegar a esos extremos.

cuando uno se «quema»

Aquellos que se han «quemado» en algún momento suelen recordarlo con auténtico horror. El director de una empresa no podía dejar de estremecerse al recordar: «Pensaba que me moría, que me iba a volver loco». Por aquellas mismas fechas, me llamó su esposa muy asustada: su marido había adoptado la posición fetal en la cama y no se veía con ánimos de levantarse y afrontar el día. Llevaba dos años trabajando muy duro, sin descanso y a un ritmo frenético y había llegado al límite de sus fuerzas. En su agenda repleta de compromisos no se había reservado ni un instante para sí mismo.

Las personas que trabajan todo el día bajo una fuerte presión suelen llegar por la noche a casa desfallecidos. Pero cuando uno se «quema» es diferente. Es lo que sobreviene cuando se ha estado forzando la «máquina» durante demasiado tiempo y se llega a una situación más allá del desfallecimiento; quienes lo sufren son incapaces de relajarse y descansar, y muchas veces acaban desarrollando una visión de túnel sobre la imposibilidad manifiesta de parar o aflojar la

marcha. Se llega, en definitiva, a un grado de agotamiento extremo tanto mental como físico. Hasta que un día el cuerpo y la mente dicen basta. Es una experiencia terrible y la persona que la padece siente como si de repente el mundo se le viniese encima.

Cuando se llega a esas situaciones tan extremas, es preciso desconectar del todo durante un buen tiempo, por lo general semanas o incluso meses, así como reconsiderar por completo las prioridades que uno tenga en la vida. Y es que las personas que se «queman» de verdad nunca permiten que les vuelva a pasar una segunda vez.

recobrar el equilibrio

Nuestro organismo es capaz de hacer una cosa sorprendente, algo que por otro lado damos siempre por sentado: curarse. Cuando nos rompemos una pierna, sabemos que nuestro cuerpo se recuperará. Igual que con el estrés. Una vez que se ha pasado la situación de «alerta roja», se entra en un proceso de reequilibrio en el que recuperamos la calma; la mente y el cuerpo vuelven a funcionar con absoluta normalidad y eficiencia, y nos volvemos a sentir relajados, despiertos y con fuerzas renovadas. La vida moderna hace que tengamos que hacer frente a situaciones de estrés constantemente. Dado que las consecuencias de ello sobre nuestra salud son desastrosas, ¿podemos ayudar a nuestro organismo a recuperar el equilibrio? Sí. De hecho, podemos activar una respuesta de relajación, que no es más que un estado físico de profundo sosiego, que nos ayuda a recuperar ese estado de equilibrio tan deseable para nuestro organismo. He trabajado con numerosos directivos que ahora recurren todos los días a mis técnicas de relajación y liberación de estrés tanto mentales como físicas.

IDENTIFICAR LOS AGENTES ESTRESANTES

Existen dos grandes razones por las que conviene identificar los agentes que generan estrés en la vida de cada uno. La primera de ellas no es otra que tomar plena consciencia de que una determinada situación es una fuente de estrés y, de esa manera, poder actuar en consecuencia. En una ocasión, una mujer joven muy competente en el trabajo que tenía un superior muy agresivo me dijo: «Sabía que mi relación con él no era del todo fácil, pero hasta que se fue de vacaciones no me di cuenta de hasta qué punto me ponía tensa ante su sola presencia».

La segunda razón es consecuencia directa de la primera. Una vez se tiene claro qué es lo que provoca el estrés, uno puede hacerse la siguiente pregunta: ¿se trata de una causa interna, esto es, relacionada con el modo en que dejo que cierta situación me afecte? La joven del ejemplo anterior no podía distanciarse del temperamento tan agresivo de su superior por miedo a perder el empleo, pero al estudiar el mer-

El lugar de trabajo constituye una fuente potencial de agentes estresantes, pero también (muy importante) de retos, intereses, realización, sociabilidad, alegrías y dinero. Analice las siguientes situaciones que tienden a generar más estrés en el día a día de la gente:

- *interrupciones constantes*
- *falta/plazos de tiempo*
- *comunicación interna deficiente*
- *falta de apoyo*
- *dirección deficiente*
- *demasiadas reuniones*
- *política de empresa*
- *adaptación a los cambios*
- *disponer de la información adecuada*
- *responder a todos los e-mails*

cado laboral y darse cuenta de sus posibilidades, se vio con fuerzas de exponer claramente la situación a su superior y mejorar de ese modo su relación profesional.

Si cree que el origen del estrés no se debe a una causa interna, pregúntese si no se trata, pues, de un problema externo que se puede atajar tomando una determinada acción, como por ejemplo negándose a aceptar un plazo imposible de cumplir, creando nuevos canales de comunicación, saliendo puntualmente del trabajo, mejorando el conocimiento de las nuevas tecnologías, etcétera. Analice qué estrategias le permitirían mantener el estrés a raya y hacer su trabajo más llevadero, e intente implementarlas.

En ocasiones el agente estresante es externo y, aunque afecta al rendimiento en el trabajo, tiene su origen en otro ámbito distinto al laboral. Tomemos, por ejemplo, el caso de un directivo de treinta y tantos años rebosante de energía, felizmente casado y apasionado de su trabajo que vino a verme en una ocasión después de saber que tenía la tensión arterial tan alta que le provocaba episodios de migraña; la realidad no se correspondía en absoluto con su imagen de directivo ambicioso y en un estado de salud pletórico. Procedimos a analizar juntos las posibles causas no sólo relacionadas con el trabajo, sino también con otros ámbitos de su vida personal: en los últimos dieciocho meses se había casado, había estado trabajando seis meses en Extremo Oriente, al regresar lo habían ascendido, se había cambiado de casa y tenía que hacer frente a una hipoteca mucho mayor, había sido padre por primera vez... Había tenido que enfrentarse a tal cantidad de cambios en tan poco tiempo que su organismo había acabado por resentirse. De hecho, se ha demostrado científicamente que si se producen muchos cambios, o de gran trascendencia, como divorciarse o sufrir la muerte de un ser querido, en un espacio de tiempo muy breve, se tienen muchas más probabilidades de caer enfermo en los meses inmediatamente posteriores.

La relación con la pareja es otro elemento que hay que tener muy presente a la hora de buscar el origen potencial del estrés. Si las cosas van bien en casa, ésta se convierte en nuestro pequeño paraíso donde podemos relajarnos, ser nosotros mismos y sentirnos amados. Pero si por el contrario el ambiente está enrarecido y la convivencia se convierte en una fuente de infelicidad, es más que probable que ello se traduzca en un efecto adverso en el trabajo.

Tal vez el peor escenario sea aquel en que se tiene un trabajo muy estresante y las cosas no van bien en casa. En esos casos se debe actuar de inmediato y proceder a replantearse la vida de arriba a abajo. El hecho de identificar los agentes estresantes le permite a uno tomar consciencia de ellos y buscar el modo de introducir los cambios necesarios para volver a encauzar tanto la vida profesional como la familiar.

EJERCICIO PRÁCTICO 1

Auditoría del estrés

Identificar los elementos o situaciones que generan estrés tanto en el trabajo como en la vida familiar constituye el primer paso para buscarles remedio. Para realizar esta auditoría de estrés se requiere tiempo y sinceridad a partes iguales. No los escatime.

1. Siéntese en un lugar tranquilo. Tome papel y bolígrafo y escriba una pequeña lista de todos los acontecimientos importantes que ha vivido en los dos últimos años.

2. Divídalos en categorías tales como trabajo, pareja, hijos, familia, amigos, dinero...

3. Analice cada una de las categorías y anote cuanto sea causa de tensión, ansiedad, tristeza o rabia; evite juzgarse o censurarse. Prosiga hasta que no tiene nada más ya que añadir.

4. Observe bien cada una de las categorías. ¿Se perfilan algunos temas o situaciones en común? ¿Hay algún agente generador de estrés que permita relacionar una categoría con otra, como por ejemplo el hecho de que trabajar demasiadas horas pueda dañar la relación con su pareja? Si es el caso, trace una línea que una los diferentes agentes relacionados entre sí y, a continuación, haga un círculo en aquellos ámbitos donde sabe que tiene que cambiar y señale con un asterisco los que considere una prioridad.

5. Defina una estrategia para reducir el estrés. No caiga en generalizaciones ni términos vagos; establezca, por el contrario, toda una serie de pasos concretos y asequibles destinados a erradicar cada uno de los agentes estresantes. Por ejemplo, si quiere trabajar menos horas, debería dar los siguientes pasos: tratar la situación con su superior, delegar más, reducir al máximo las reuniones, etcétera. Propóngase seguir los pasos que se ha fijado y verá cómo vuelve a sentirse dueño de la situación.

capítulo 2

¿QUÉ ME ESTÁ PASANDO?

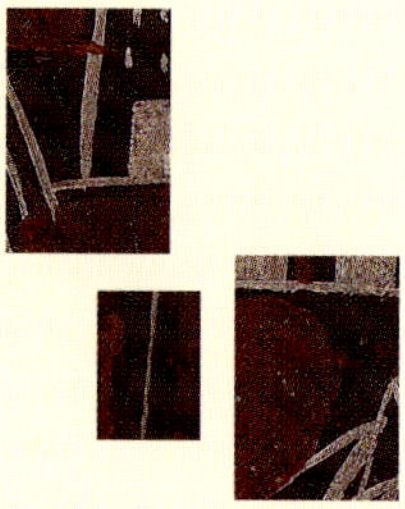

En la cultura occidental se ha tendido siempre a separar el cuerpo de la mente. Pero la investigación de la neurocientífica estadounidense Candace Pert, entre otros, ha demostrado hasta qué punto están relacionados. Por ejemplo, el pensamiento «el director quiere verme mañana para tratar las ventas regionales. No le gustará nada saber que en el último mes han descendido» provoca un sentimiento de ansiedad que se traduce en una respuesta química en el organismo. Así pues, la manera de pensar y lo que pensamos inciden directamente en el cuerpo.

En este capítulo se analiza en profundidad de qué modo nos afecta el estrés, cómo influye en nuestros pensamientos, sentimientos y comportamiento, y de qué modo puede llegar a socavar nuestra salud física y la sensación de bienestar. Asimismo, se incide en la necesidad de observar y analizar los pensamientos en lugar de dejarse llevar por ellos, así como en el modo de confiar en el cuerpo como recurso espléndido y fiable que es. Dado que el mundo laboral se halla en un proceso permanente de cambio, con fusiones, recortes de plantilla y relevos en la dirección, analizamos también el impacto de esas situaciones de cambio para dar con el mejor modo de sobrellevar los tiempos difíciles.

LOS MENSAJES DE SU CUERPO

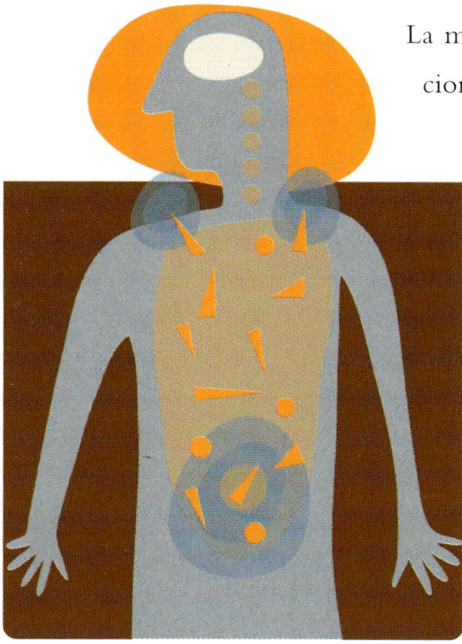

La mayoría de nosotros debemos hacer frente a situaciones que generan tensión de manera continua. De hecho, son tan habituales que casi las asumimos como algo normal. Recuerdo que una cliente sumida en un estado crónico de tensión a la que estaba dando un masaje me dijo: «¡Parece mentira, pero hacía siglos que no me sentía tan relajada!». Y es que su cuerpo no sabía lo que era estar relajada de verdad. Dos años más tarde, tras un tratamiento continuo, su capacidad para relajarse cambió del todo y al final casi había que despertarla cuando acababa la sesión de lo relajada que estaba.

Cuando estamos sometidos a un estado de tensión permanente, nuestro organismo se resiente en forma de rigidez en los hombros y en el cuello, dolores de cabeza, dolor en la espalda, trastornos digestivos, eccemas, insomnio... La lista es interminable. En una ocasión, un hombre de unos treinta años al que acababan de ascender me dijo que se sentía pletórico salvo en lo concerniente al estómago. Al preguntarle qué quería decir, me contestó: «Bueno, tal vez parezca ridículo, pero es como si siempre tuviera descomposición, y si estoy en un sitio y no sé dónde está el lavabo más cercano lo paso realmente mal». Yo ya me había dado cuenta de que las personas que se volcaban en cuerpo y alma en su trabajo solían decir cosas del estilo «el cuerpo no me responde como quisiera y es un verdadero incordio», y se pasaban trabajando horas y horas como para no ser conscientes de ese malestar físico. Esta actitud es de una ignorancia supina, pues no sólo no tiene en cuenta las necesidades del cuer-

AFECCIONES QUE PUEDEN ESTAR RELACIONADAS CON EL ESTRÉS

Sistema inmunológico

debilitamiento de las defensas en caso de infecciones, alergias, herpes

Sistema respiratorio

asma, dolor de garganta, sinusitis, tendencia a enfermar de bronquitis o infecciones pulmonares

Sistema nervioso

fatiga, temblores, sudoración excesiva, vértigo, debilitamiento, migrañas, insomnio

Sistema digestivo

úlceras bucales, úlceras estomacales, acedía, indigestión, náuseas, diarrea, estreñimiento, hemorroides, flatulencia, vómitos, colitis, problemas intestinales

Sistema cardiovascular

taquicardia, palpitaciones, hipertensión, dolor de pecho, ataques de corazón, vértigo, desvanecimiento

Sistema muscular y óseo

rigidez, dolor de cuello y hombros, dolor de espalda, dolor de cabeza

Sistema hormonal

síndrome premenstrual, menstruación irregular, subidas constantes de adrenalina, disminución de la libido

Cabello y piel

eccemas, urticaria, psoriasis, dermatitis, alopecia

po, sino que además puede acabar poniendo en peligro la propia salud. Por desgracia, las personas que adoptan esta actitud pueden llegar a pagarlo con sus propias vidas, de ahí lo importante que es considerar las necesidades del cuerpo. Y es que éste es, en definitiva, nuestro más fiel consejero. Confíe en él y escuche lo que le está queriendo comunicar. Ignorar los mensajes que nos transmite el cuerpo es como recibir un e-mail importante y enviarlo directamente a la papelera sin haberlo abierto. El hombre con el estómago revuelto antes mencionado se dio cuenta de que la ansiedad se había adueñado de él. Había un aspecto de su nuevo trabajo que no entendía del todo, pero no había querido preguntarle al respecto a su superior por miedo a que lo tuviese por un incompetente. Además, trabajaba tantas horas que había acabado por sumirse en un estado permanente de tensión y fatiga, que a su vez había repercutido negativamente en su vida familiar. Con el tiempo, encontró el modo de hablar con su superior y consiguió atajar gran parte de su ansiedad. Asimismo, se hizo el propósito de salir a su hora tres días a la semana, una sabia decisión que tomó después de haber escuchado a su cuerpo.

Cada persona tiene su propia «respuesta» ante situaciones de presión en forma de determinadas alteraciones o desarreglos físicos, como jaquecas, problemas digestivos, dolor de espalda, insomnio o eccemas. Haga una lista de las respuestas de su cuerpo ante situaciones de estrés; así, una vez sea consciente de los síntomas, estará en disposición de gestionar sus niveles de estrés, antes de que su salud pueda verse seriamente comprometida. Realice el ejercicio práctico 2 y aprenda a interpretar el cuerpo.

EJERCICIO PRÁCTICO 2

Aprender a interpretar el cuerpo

El objetivo de este ejercicio es aprender a tomar consciencia de las alteraciones físicas menores de nuestro cuerpo para de ese modo definir las estrategias antiestrés más adecuadas e integrarlas en el día a día.

1. Dibuje un sencillo esbozo del cuerpo. Éste será su mapa del cuerpo.

2. A continuación, siéntese tranquilamente durante unos minutos con los ojos cerrados. Centre toda su atención en el cuerpo y analice cómo se ha sentido en él en los últimos tiempos. Empiece por la cabeza y vaya descendiendo paulatinamente por cada parte del cuerpo mientras se pregunta si alguna vez le causa problemas. No juzgue y limítese a registrar hasta las dolencias más superficiales: irritación en los ojos, rigidez en el cuello, dolor en la espalda, estómago descompuesto...

3. Cuando haya acabado, abra los ojos y marque con círculos aquellas partes del cuerpo donde experimente por lo general alguna alteración. Anote cualquier otro dato de relevancia, como la frecuencia y la intensidad de dicho desarreglo, junto al círculo.

4. En las siguientes cuatro semanas, analice su cuerpo con detalle, anote cuándo se manifieste cada una de las dolencias y busque el agente estresante correspondiente.

5. Responda a las siguientes preguntas: ¿qué me está queriendo decir el organismo con esas dolencias? ¿Qué me está pidiendo que haga? A continuación propóngase realizar un cambio concreto en su vida diaria. Por ejemplo, en lugar de ir al bar sólo acabar la jornada, vaya a que le den un masaje o dedique diez minutos a realizar el ejercicio práctico 5 (*véase* pág. 57) o a cualquier otra cosa que le siente bien al cuerpo. Lo importante es que cumpla con lo que se haya propuesto y no se vuelva atrás.

EL OTRO YO

En una ocasión conocí a un ejecutivo encantador, responsable y muy trabajador que era muy generoso con los demás y cuidaba al máximo las relaciones interpersonales. Tendía a asumir demasiado trabajo (le costaba decir que no) y siempre trabajaba con una gran presión encima, hasta que en un momento dado «llegaba la gota que colmaba el vaso», esto es, le encargaban aún más trabajo del que ya tenía y de repente «explotaba», según sus propias palabras. Entonces, los informes empezaban a acumularse sobre la mesa, todo eran portazos y sus compañeros de trabajo descubrían que su compañero, antes condescendiente y cordial, se convertía en un temible monstruo. Al final, se sentía muy mal y muy culpable por su comportamiento.

Esta situación es lo que suelo llamar el efecto «Dr. Jekyll y Mr. Hyde» como consecuencia de situaciones de presión prolongada. En muchos casos, no se da ese repentino «descenso a los infiernos», sino que éste más bien consiste en un sentimiento progresivo de que el trabajo que tanto le gustaba a uno se ha vuelto insoportable. Una vez se ha adueñado de nosotros ese sentimiento, se entra en una fase de dejadez en la que lo único que se quiere es desentenderse de ese trabajo. Incluso aquellas personas que solían vivir la vida intensamente acaban despertándose por la mañana diciéndose: «¡Oh no, otro día más al que hacer frente!».

En una ocasión conocí a una mujer muy competente que se había propuesto construirse una sólida carrera profesional y que, a cambio, había decidido asumir el estrés como algo inherente al trabajo, hasta que un día empezó a sentirse a disgusto y acabó por odiar ese tra-

EJERCICIO PRÁCTICO 3

Conocer al Dr. Jekyll y Mr. Hyde que todos llevamos dentro

Cuando se da una situación de estrés durante un tiempo prolongado, podemos llegar a cambiar de forma radical el modo en que solemos actuar y sentir en circunstancias normales. Use el siguiente ejercicio para identificar sus propias reacciones ante el estrés y, de paso, tomar consciencia de paso de su estado de bienestar. Así, cuando sienta que se está adueñando de usted la figura de Mr. Hyde, podrá rectificar.

1. Siéntese en un lugar tranquilo provisto de bolígrafo y papel. Centre toda su atención en sí mismo. Para ello, cierre los ojos y respire hondo durante un par de minutos. A continuación, reviva mentalmente las situaciones estresantes por las que haya pasado últimamente, pero hágalo como mero espectador. ¿Cómo cambia su actitud frente al trabajo cuando se encuentra bajo presión? ¿Opta por bajar la guardia y rendirse, o bien por volverse más perfeccionista? ¿Se llega a plantear la posibilidad de dejar el trabajo? ¿Cómo cambia su actitud frente a los demás? ¿Se vuelve más irritable o intolerante? ¿Deja de tener confianza en ellos?, etc. Anote todos los cambios de que se vaya percatando, valiéndose para ello de la lista de la pág. 37.

2. Pregunte a sus amigos y compañeros de trabajo con los que tenga confianza cómo saben cuándo se encuentra estresado. Asegúrese de que son sinceros en sus comentarios y déjeles bien claro que lo que pretende con ello es ayudarse y que no se ofenderá con lo que puedan decirle. Observará cómo le comentan cosas de las que ya se había dado cuenta, así como otras que se le habían pasado por alto.

3. Confeccione una pequeña lista con la sintomatología concerniente a su «Mr. Hyde». Observe en las dos siguientes semanas, por ejemplo, si se comporta de acuerdo con alguna de esas pautas resultado del estrés. Si es así, indague hasta dar con la causa que genera dicho estrés y piense el modo de hacerle frente o bien cómo puede liberar esa tensión de su cuerpo.

bajo que tanto había deseado. Por las noches se despertaba con una sensación de pánico. «Me había propuesto hacerlo todo yo sola», reconoció más tarde. «No era capaz de delegar nada, tenía que revisar el trabajo de mi equipo, cambiando todo cuanto habían hecho. Creía que si no lo tenía todo bajo mi control el resultado no sería bastante bueno.» No es difícil imaginar los efectos desastrosos que dicha actitud tuvo sobre la motivación de su equipo.

Siempre que hablo del efecto «Dr. Jekyll y Mr. Hyde» con un grupo de directivos y les invito a que reflexionen sobre hasta qué punto cambian al tener que soportar un estado de estrés durante un período de tiempo prolongado, les puedo asegurar que la conversación se vuelve de lo más animada. Todos son muy conscientes del modo en que su conducta se deteriora y muchos admiten que tras un día malo no pierden la compostura con sus compañeros de trabajo, pero lo acaban pagando con su pareja o sus hijos. Otros reconocen buscar consuelo en la comida «basura» o bien se vuelven distantes y rehuyen hablar con nadie.

Mucha gente es consciente de que cuanto más estresados se sienten, tanto más perfeccionistas se vuelven en el trabajo, de manera que lo que en circunstancias normales se daría por válido deja entonces de serlo. Como resultado de esta actitud, se vuelcan aún más en el trabajo dedicándole más horas hasta acabar extenuados y muy tensos.

Otro sentimiento que manifiesta no poca gente al sentirse estresada es tener ganas de llorar. Las mujeres suelen ocultar dicho sentimiento para parecer más fuertes, pero no piense que los hombres estresados son ajenos a él. Como un directivo muy competente y enérgico aquejado de una fuerte presión en el trabajo me dijo: «Cuando se te hace un nudo en la garganta, piensas: 'Lo último que haría en este mundo es ponerme a llorar ahora', así que lo único que cabe es salir de la sala de reuniones y calmarse». Es muy importante ser consciente de los cambios de actitud o comportamiento que uno tiende a experimentar en situaciones de estrés y saber interpretar lo que nos están queriendo transmitir.

CÓMO CONDICIONA EL ESTRÉS LA ACTITUD Y EL COMPORTAMIENTO

A continuación se detallan los cambios más habituales que se suelen manifestar en la actitud y el comportamiento ante situaciones de gran presión. ¿Con cuántos se identifica?

- *volverse irascible y arisco con los compañeros de trabajo*
- *cumplir en el trabajo, pero a costa de descargar la tensión con la familia*
- *cambios repentinos de humor a pesar de que se es una persona tranquila*
- *volverse perfeccionista (no es suficiente con que las cosas salgan «bastante bien»)*
- *evitar los trabajos de más responsabilidad y optar por los menos trascendentes*
- *no ser capaz de realizar varias tareas a la vez y desear centrarse en una cosa*
- *volverse más distante y rehuir a los compañeros de trabajo*
- *volverse muy susceptible ante cualquier crítica*
- *intentar hacerlo todo uno mismo*
- *dejarse llevar por el pánico*
- *tener ganas de llorar*
- *buscar consuelo en el alcohol*
- *consolarse con comilonas, chocolate o café*
- *esperar la hora de irse a casa, cuando antes disfrutaba con el trabajo*
- *trabajar más horas y tener la impresión de que no sirve de nada*
- *no dejar de darle vueltas a temas del trabajo*
- *despertarse a media noche pensando en el trabajo*

CREAR UNA BOMBA DE RELOJERÍA

¿Tiene la impresión de que una vez o dos al año empieza a sentirse desbordado por el trabajo? ¿Nota cómo disminuyen sus reservas de energía? ¿Se acumulan los papeles encima de la mesa y no tiene tiempo para relajarse, ni tan siquiera para reír? Si es así, sepa que son muchas las personas sanas y rebosantes de energía que experimentan grandes altibajos en su bienestar. Casi siempre empiezan con un episodio muy estresante, como un proyecto frustrante que no acaba de funcionar, o bien por la ansiedad que produce tener que cumplir en un plazo de tiempo muy justo. A no ser que estemos habituados a manejar el estrés, lo más probable es que acabemos pensando en tal o cual problema día y noche, que nuestro convulso estado mental se adueñe de nosotros y el organismo genere adrenalina sin cesar, dando forma con todo ello a una bomba de relojería que atenta contra el bienestar.

Cuando nos hallamos en «alerta roja» durante semanas o meses, la balanza de la vida pierde el equilibrio y se inclina peligrosamente hacia un terreno de arenas movedizas. Al dejar de dormir bien, nuestras reservas de energía se reducen drásticamente, lo que se traduce en una pérdida de creatividad así como de flexibilidad al pensar y tomar decisiones. Somos conscientes de que nos vamos hundiendo, pero no podemos hacer nada por evitarlo. Sabemos que las cosas no van por buen camino, pero ¿acaso nos detenemos para analizar la situación y decidir la estrategia antiestrés más adecuada? No, todo lo contrario, reaccionamos trabajando más duro y más horas, diciéndonos «ya me tomaré un respiro cuando las cosas vayan algo mejor»; engullimos cualquier cosa para comer y nos tomamos un café tras otro. Las relaciones con los compañeros de trabajo acaban resintiéndose y descuidamos la vida familiar al llegar tarde todos

los días y tan agotados que no nos quedan ni fuerzas para relajarnos ni divertirnos y con la libido bajo mínimos. ¿Cómo podemos llegar hasta tales extremos? Simplemente permitiéndolo. A la mayoría nos han educado para que demos lo mejor de nosotros mismos, una filosofía ciertamente saludable y motivadora. Ahora bien, vamos demasiado lejos y nos creemos que tan sólo merecemos el reconocimiento de los demás si damos lo mejor de nosotros mismos. Y, ¿cómo saber si estamos dando lo mejor de nosotros mismos? ¡Se deduce, por el agotamiento físico y mental en el que nos hallamos! Este tipo de razonamiento circular debe erradicarse por completo.

Cada persona genera cierta cantidad de energía tanto física como mental. Imaginemos que tenemos una cuenta de energía en el banco; realizamos ingresos en ella cuando el trabajo y el bienestar están equilibrados y extraemos fondos cuando se está más flojo. En situaciones de estrés, es fácil encontrarse en «alerta roja», así que es preciso aprender a administrarse esas reservas de energía con tanta prudencia como cariño hacia uno mismo. La próxima vez que se sienta estresado y note cómo sus reservas de energía empiezan a descender, no ignore los síntomas que se manifiesten e intente trabajar aún con mayor denuedo; en su lugar, reaccione antes de que la situación derive en una auténtica bomba de relojería. Así podrá controlar el estrés antes de que éste le domine a usted. No existe razón alguna que justifique que su bienestar tenga que ir sufriendo altibajos constantemente, con un poco de esfuerzo es posible combinar un alto rendimiento con una vida libre de estrés y de forma sostenida.

PENSAMIENTOS CONTRAPRODUCENTES

Imaginemos que está durmiendo tranquilamente en su cama cuando de repente entra en el dormitorio un asesino loco con un hacha en las manos. ¿Se hubiera estresado por ello? No, ya que se trataría de un sueño y hubiera bastado con despertarse para saber que no era más que una pesadilla.

La mente es como un filtro entre el mundo y la propia persona. Si hubiese estado despierto, el cerebro habría analizado la situación más o menos así: «Una persona con un hacha: peligro». Éste es el modo en que la mente interpreta continuamente cuanto sucede a nuestro alrededor y las implicaciones que tiene para uno mismo.

Ahora imaginemos un escenario sugerido por el gran gurú de las relaciones entre la mente, el cuerpo y el espíritu, el doctor Deepak Chopra: nos encontramos en un sendero en medio de la selva. Avanzamos tranquilos pero al mismo tiempo alerta, fascinados por los aromas y los sonidos del salvaje entorno. Pero de repente, al girar en un recodo, nos encontramos justo en medio de nuestro camino con una cobra gigante. ¿Cuál sería nuestra reacción? A la inmensa mayoría de nosotros nos vendría automáticamente a la cabeza el mensaje «PELIGRO», nuestro organismo experimentaría una subida de adrenalina y nuestro único pensamiento sería el de escapar para ponernos a salvo. No es, sin embargo, la única respuesta posible, ni tan siquiera la única racional. Por ejemplo, ¿qué pasaría si usted fuera un experto en serpientes? A buen seguro, el hecho de hallarse de repente ante un ejemplar tan magnífico le haría pensar algo así: «¡Caramba, menudo ejemplar! ¿Cómo podría fotografiarlo sin correr peligro?». Otra posibilidad es que fuera usted hindú y entonces tomase la figura de la serpiente como una manifestación del dios Shiva; en ese caso, por mucho que se quisiese guardar una distancia prudencial, la reacción sería igualmente de reverencia. La diferencia entre la primera reacción y las dos siguientes es que en el primer caso es totalmente negativa y no se traduce más que en un sentimiento de miedo, mientras que en las otras dos sí hay un elemento positivo.

Así pues, en el paseante en medio de la jungla, existen al menos tres estados mentales potenciales, uno muy estresante y los otros dos mucho menos, y todos ellos fruto de una misma persona.

Muchas veces, el lugar de trabajo es como una selva en la que todos los días hay que hacer frente a situaciones que nuestra mente puede interpretar como buenas, malas, interesantes, preocupantes... Tomemos, por ejemplo, el caso de un ejecutivo con cierta autoridad que rondaba la cuarentena y al que habían educado con un fuerte sentido de la éti-

ca y el respeto hacia los mayores. Un viernes, el director de la empresa, un señor de edad ya avanzada, lo citó al lunes siguiente para una reunión totalmente imprevista. Este hecho, sorprendentemente, le creó una enorme ansiedad; se convirtió, digamos, en su «cobra» particular y se puso a repasar la actuación que había tenido últimamente. Al final, rindiéndose ya a la incertidumbre, se imaginó el peor de los escenarios: «Si me despiden, ¿qué haré?». Tras un fin de semana infernal, llegó por fin el momento de tan temida reunión, donde para su sorpresa el director no tuvo sino palabras de reconocimiento y aprecio, y le ofreció un cargo en la dirección. «Aún me pregunto cómo llegué a montarme todo aquel cirio mental, ¡total para nada!», se lamentaba tiempo después.

Todos tenemos un modo peculiar de pensar y resulta muy fácil crear una serie de pautas de pensamiento tan negativas como autodestructivas. Muchos solemos dar vueltas a una misma idea, reviviendo con ello situaciones estresantes ya vividas y estimulando la respuesta de «alerta roja» en nuestro organismo. ¿Cómo se puede romper ese círculo vicioso? Para empezar, es importante saber qué pautas sigue uno al pensar (hábitos de pensamiento) e identificar de qué modo tendemos a crearnos estrés (*véase* ejercicio práctico de la pág. 43). Sólo entonces se pueden empezar a cambiar los aspectos negativos. No rescate del olvido las situaciones estresantes ya vividas, son cosa del pasado, y en su lugar céntrese en el presente y en el futuro. Cuando reaccione con temor o pánico, respire hondo y mire la cara positiva del asunto. Hágase la siguiente pregunta: ¿qué puedo aprender de esta situación? Cada vez que se centre en el lado positivo del transcurso de su vida laboral, estará enterrando modelos de pensamiento negativo y tornándose más seguro, sereno y, en definitiva, exitoso.

EJERCICIO PRÁCTICO 4

Dime cómo piensas y te diré...

Este ejercicio tiene como finalidad ayudar a tomar consciencia del modo en que uno tiende a modular sus pensamientos y de esa manera identificar qué tipo de situaciones suelen generar en nosotros preocupación, rabia o trastorno. El hecho de ser consciente de esas situaciones «estresantes» nos ayuda a dejar a un lado las pautas de respuesta habituales y buscar otras.

1. Siéntese en un lugar tranquilo donde nadie pueda molestarlo. Cierre los ojos, respire hondo y espire lentamente. Proceda a realizar una «auditoría autoconsciente», empezando por el cuerpo. Fíjese en lo que vaya sintiendo. Por ejemplo, ¿qué partes del cuerpo se hallan tensas? No intente cambiar nada, tan sólo analícese con la mayor objetividad posible.

2. Ahora dirija su atención a los pensamientos. Imagínese que los proyecta sobre una pantalla vacía situada en su mente. A medida que aflore cada pensamiento, clasifíquelo de acuerdo con alguna de las tres categorías siguientes:
   - *Pasado (un pensamiento sobre algo que ya ha ocurrido)*
   - *Presente (un pensamiento sobre el aquí y el ahora; suele tratarse por lo general de un mensaje de sus sentidos, como el de dolor en la espalda, el aroma de una taza de café, el ruido del tráfico...)*
   - *Futuro (un pensamiento sobre algo que no ha tenido lugar todavía)*

3. Una vez haya clasificado cada uno de los pensamientos, deje que se desvanezcan. Proyéctelos de esta manera durante dos o tres minutos. A continuación, analice sus pautas de pensamiento. ¿Le preocupa más el pasado o el futuro? ¿Aflora una pauta concreta?

4. Dedique unos minutos a meditar sobre la siguiente pregunta: ¿Quién es esa persona que tiene esos pensamientos? No busque respuestas, simplemente deje que la pregunta flote en su mente. Cuando esté en disposición, dirija su atención poco a poco de vuelta al presente.

SABER DÓNDE SE ESTÁ CUANDO NO SE SABE DÓNDE SE ESTÁ

Cada uno de nosotros ha de desarrollar la capacidad de entender qué le sucede ante situaciones de incertidumbre y cómo afrontarlas. Nadie duda de que hoy en día el puesto de trabajo se ha convertido en algo mucho más imprevisible: fusiones, regulaciones de empleo, quiebras y suspensiones de pagos... Existe el sentimiento extendido de que los valores establecidos de antaño se están desintegrando y el viejo orden del pasado está dando paso a un nuevo desorden.

¿Se ha parado a pensar cuántos «salvavidas» tenemos a lo largo de nuestra vida con el fin de minimizar el *shock* que se deriva de los cambios o la incertidumbre? Por ejemplo, sabemos que todos los días se producen muchos accidentes de tráfico y, dado que ir en coche forma parte ya de nuestro día a día, intentamos prevenir cualquier eventualidad contratando un seguro. En el mundo de los negocios, a su vez, el análisis de riesgos tiene por finalidad ayudar a determinar si un riesgo determinado es asumible o no. En definitiva, creamos marcos basados en el raciocinio en los que nos podamos sentir cómodos para hacer frente a situaciones arriesgadas e imprevisibles.

En el mundo de la empresa abundan las personas rebosantes de energía, inteligencia y ganas de asumir nuevos retos que suelen encontrarse más relajadas (y por tanto resultar más productivas) cuando tienen ante sí una imagen clara del camino que han de seguir. Pero hoy en día la incertidumbre ha pasado a formar parte indisoluble de la vida empresarial, de ahí la necesidad de desarrollar una nueva capacidad, la de abordar de un modo creativo los períodos de incertidumbre. Es evidente que cuando las cosas se sumen en un estado de caos intentamos devolverlas a un orden. En definitiva, pretendemos delimitar la incertidumbre, dotarla de un sentido y buscar una solución. De todas maneras, si se intenta hacer antes de tiempo, se corre el riesgo de impedir la consolidación de nuevas posibilidades.

Y es que la incertidumbre es un caldo de cultivo potencial para la aparición de nuevas ideas, pero no ideas que puedan surgir tras un proceso de pensamiento lógico, sino planteamientos del todo originales que para aflorar necesitan el acicate del caos. Y la única manera de propiciar el afloramiento de ideas creativas es estar dispuesto a asumir ese estado de incertidumbre. Desde esta perspectiva, el éxito significa estar dispuesto a aceptar e integrar en el día a día ese caos. Y ello no resulta fácil, pues comporta reconocer la idoneidad presente de ese estado de confusión y confiar en que la situación cambie.

ACEPTAR LOS CAMBIOS

De una cosa podemos estar seguros: la vida no es algo previsible. Por mucho que planifiquemos cualquier eventualidad, siempre acaba surgiendo un imprevisto. Cada vez que tenemos que afrontar un cambio en nuestras vidas, seguimos un proceso emocional al que me gusta referirme como el «viaje del cambio». Una vez somos capaces de definir el mapa de nuestro viaje del cambio (*véase* página siguiente), podemos emprender el periplo de la vida con un mayor conocimiento a nuestras espaldas y convertirnos en líderes más efectivos.

La primera fase de este viaje del cambio viene determinada por un estado de *shock*, que puede traducirse en una actitud que va desde el escepticismo hasta la estupefacción, y en la que el cerebro es incapaz de asimilar más información, así que si le comunican la inminencia de un gran cambio, por ejemplo le proponen dirigir un nuevo departamento, concédase cierto tiempo y no se reúna con su jefe para evaluar las consecuencias de dicho cambio hasta el día siguiente.

La segunda fase de este viaje del cambio es el rechazo. Nuestro instinto prefiere mantener las cosas tal cual están, lo que añade más leña al fuego a ese torbellino de emociones en el que estamos inmersos. Así, podemos reaccionar con rabia, tristeza o incluso con un sentimiento de humillación o culpabilidad, emociones que no se pueden contener, pues es un proceso orgánico, y la solución más saludable es dar rienda suelta a esos sentimientos. Intente liberar esa rabia yendo a hacer footing, a nadar o desahóguese en el gimnasio.

La fase de aceptación viene con el tiempo, una vez se han asentado las emociones y se está en condiciones de tomar una decisión consciente que permita superar el pasado y aceptar nuevas ideas que abran nuestra mente. En este punto, no tardará en encontrar el significado (y el beneficio) que conlleva la nueva situación y podrá integrar dicho cambio en su vida. Por lo general, el resultado suele ser beneficioso, pues uno se vuelve más sabio, más valiente y más abierto al futuro.

HACER FRENTE A LOS CAMBIOS

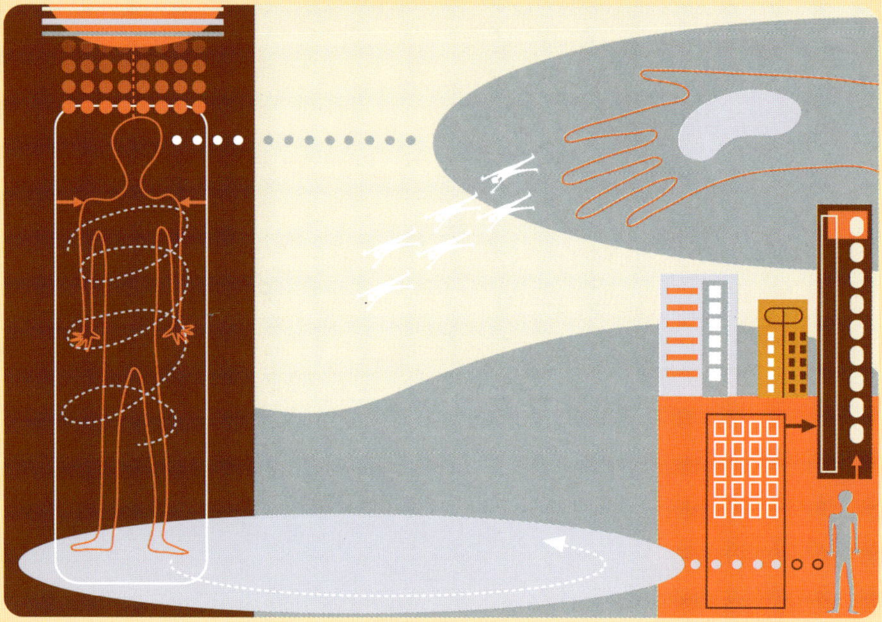

Una vez se ha comprendido el proceso que experimenta el cuerpo y la mente cuando sobreviene un cambio inesperado y cómo hay que afrontarlo, es preciso aprender a tratar con los cambios progresivos, aquellos que tienen lugar de manera paulatina y un tanto sutil. En ocasiones, son los que generan un mayor grado de estrés, como cuando llegamos a la oficina y nos encontramos de repente con que todo está diferente a como solía ser, aunque no nos hayamos percatado antes de ello. Como directivos, esta situación puede resultar desconcertante y turbadora pues, después de todo, ¿no se supone que son los directores quienes deciden y están al tanto de cuanto ocurre en la oficina?

Hasta las personas más competentes se ven descolocadas en ocasiones ante estas situaciones de cambio. Esto es especialmente cierto en las empresas de pequeña dimensión, donde el crecimiento (algo deseable siempre y cuando se lleve bien) lleva a que se produzcan pequeños cambios en los roles y las responsabilidades, así como en los procedimientos y perspectivas de la empresa, hasta que de repente un buen día nos damos cuenta de dichos cambios. Es posible que esos procesos nuevos funcionen o que se requiera cierta reestructuración de la empresa. En cualquier caso, no tenga reparos en lanzarse a ese viaje del cambio y revise entonces la situación. Lo más importante es dejar a un lado ese sentimiento de incomodidad y encontrar su sitio.

Cuando los cambios progresivos forman parte del proceso natural de mejor crecimiento y desarrollo del negocio, no tiene mucho sentido tratar de determinar dónde y cuándo se originaron, pues son cambios inevitables. Lo que corresponde precisamente es determinar dónde se encuentra uno y hacia dónde se está yendo. Para ello, empiece por analizar a sus empleados. ¿Quién hace qué? ¿Están todos los puestos perfectamente definidos (en la teoría y, sobre todo, en la práctica), incluido el suyo? Por lo general, los cambios paulatinos implican que los puestos se amplíen o cambien, aunque las responsabilidades originales permanecen intactas. En según qué circunstancias esto es bueno (aumento de productividad), pero ¿se encuentra que está usted pagando a los cargos más experimentados para que asuman tareas propias de un puesto inferior? ¿Podría hacerse frente a ese crecimiento con la contratación de más gente? A continuación fíjese en los procesos. ¿Se trabaja con la misma eficiencia que antes? ¿Son fluidos los canales de comunicación? Pregunte a sus compañeros qué opinan, qué es lo que les provoca mayor frustración. ¿Qué otros cambios deben introducirse para que los propios procesos diarios de trabajo vayan al mismo ritmo que la evolución misma de la empresa? Conciba un plan al respecto y logre el apoyo de todo su equipo. Cuanto más controle la nueva situación, tanto más confiado y relajado se sentirá con respecto al cambio.

capítulo 3

¿CÓMO PUEDO AYUDARME?

En los capítulos anteriores hemos analizado cómo el mundo del trabajo incide en nuestro estado mental y físico. Una vez vista la relación que existe entre el lugar de trabajo y uno mismo estamos en condiciones de dar los pasos necesarios para liberarnos del estrés y ahondar en nuestro bienestar.

A lo largo de este capítulo abordaremos un amplio repertorio de técnicas destinadas a ayudarnos a alcanzar nuestros propósitos: pensar en clave positiva y controlar la respiración; practicar el tipo de ejercicio físico más apropiado; por qué las terapias táctiles, como el masaje, son tan beneficiosas; cómo llevar una dieta saludable y cómo dormir mejor por las noches. Además analizaremos cómo devolver el equilibrio a nuestras vidas, mejorar el entorno laboral, inspirar a las personas que nos rodean y, por último, cómo crear un clima propicio al cambio. Todos los métodos que se sugieren son practicados desde hace mucho tiempo por personas vinculadas al mundo de la empresa y constituyen una inestimable ayuda para adoptar las estrategias vitales más adecuadas para cada uno.

RELAJAR EL ESPÍRITU CRÍTICO INTERNO

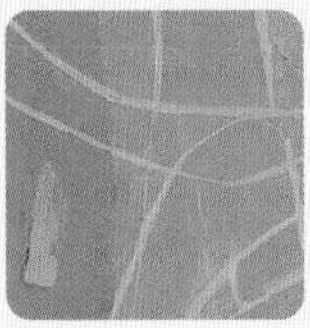

La mayoría de nosotros tenemos dentro un espíritu crítico dispuesto siempre a ofrecer una opinión acerca de la gente que nos rodea, nuestro rendimiento en el trabajo o la vida en general. Pero, ¿por qué curiosamente nunca tiene nada positivo que decir?

A medida que crecemos, nuestros padres y profesores, cuya responsabilidad no es otra que la de hacer de nosotros personas adultas responsables, van conformando nuestra personalidad a través de la educación, perspectiva, ilusión, pensamiento crítico y reconocimiento, de modo que vamos asimilando sus consejos e interiorizándolos en forma de mensajes sobre nosotros mismos y la gente que nos rodea, el modo como comportarnos y el concepto del mundo en que vivimos.

Se trata de un proceso natural que nos ayuda a crecer como personas, y que por lo general resulta positivo. De todos modos, junto con todos estos mensajes edificantes solemos interiorizar una o dos «voces interiores» de nuestra infancia negativas y contraproducentes. Después de tantos años trabajando con directivos, sigue llamándome la atención el hecho de que gran parte de estas personas tan enérgicas y competentes en su trabajo tengan unas voces interiores terriblemente negativas que no hacen sino transmitir mensajes tan contraproducentes como «para valer has de demostrar que eres el mejor» o «nadie te perdonará si cometes un error».

Este espíritu crítico negativo tiende a operar en los límites mismos de nuestra consciencia, socavándonos sutilmente, con independencia del éxito que experimentemos en nuestra vida real, saboteando la confianza en uno mismo, la autoestima y el concepto interno de persona íntegra y competente. Cuando se cobra consciencia de que esa voz interior negativa está actuando en nuestros adentros, resulta de gran ayuda abordarla con todo detalle. Para ello, pregúntese si esa voz no está socavando su autoestima o creándole una angustia innecesaria. A continuación, ponga por escrito el mensaje que le está intentando transmitir, como por ejemplo: «Crees que la presentación te ha salido bien, pero no te engañes: lo más probable es que se estén metiendo contigo por lo mal que lo has hecho».

Entonces pida auxilio a la caballería, es que otra voz, ésta positiva (el preparador interno de cada uno), que debemos haber desarrollado previamente a un nivel consciente. A las personas con un espíritu crítico negativo muy acusado suele ser difícil al principio encontrar el registro positivo de ese preparador interno. En esos casos, el secreto está en copiar el modo en que hablaríamos a un buen amigo, esto es, con sinceridad, cariño y objetividad, animándole y ayudándole, destacando todo lo positivo de su persona y con sugerencias positivas.

Así que, retomando el ejemplo anterior, cuando el espíritu crítico empiece a hacer de las suyas minando la autoestima, el preparador interno debería intervenir diciendo: «Tonterías, la presentación ha salido bien. Te la habías preparado y has utilizado un tono fluido y relajado. ¿Te diste cuenta de cómo te escuchaban atentamente? ¿Y qué preguntas tan oportunas hicieron? Sin duda, ha sido una buena presentación, así que tienes que estar orgulloso de ti mismo». Obviamente, también puede indicar de un modo objetivo qué mejorar, como por ejemplo: «La próxima vez, afina aún más la presentación llevando la mirada de un lado a otro del auditorio de manera que todos se sientan partícipes». Ejercítese estimulando la voz positiva del preparador interno y verá cómo poco a poco se va apagando ese espíritu crítico negativo que tan poco ayuda.

APRENDER A RESPIRAR

Ahora que empieza a leer esta página fíjese en cómo respira, sin hacer nada más. Se trata, a buen seguro, de una respiración suave, un movimiento pausado y apenas perceptible de aire que entra y sale del tórax. Es el modo en que la mayoría de la gente respira a lo largo de la jornada laboral y, aunque nos mantiene con vida, la verdad es que dista mucho de ser la mejor manera de respirar. Cada vez que inspiramos aire insuflamos energía a nuestro organismo y al expelerlo lo liberamos de gases residuales de manera que el metabolismo pueda funcionar con absoluta normalidad. Pero si no respiramos hondo, la cantidad de oxígeno que llega al cuerpo y al cerebro es menor de lo que debiera ser para funcionar en la plenitud de nuestras facultades.

No le damos a la respiración la importancia que merece. Podemos vivir sin comer durante semanas y sin beber varios días, pero si no respiramos morimos irremediablemente en cuestión de minutos. Lo cierto es que respirar no sólo nos permite mantenernos con vida, sino que además, tal como veremos más adelante, es una de las mejores maneras de aliviar el estrés del cuerpo y la mente. Cuando se sienta estresado, tómese un respiro, valga la redundancia, para respirar hondo y llenar los pulmones y verá cómo se relaja automáticamente.

Empiece con una inspiración larga y profunda, y fíjese en cómo se mueven las costillas y los hombros. Cuando en una de mis sesiones pido a los asistentes que inspiren hondo, la mayoría toma una gran bocanada de aire que hace que se eleven las costillas, el pecho y a veces los hombros. En realidad, una buena respiración es más que eso.

Un amigo mío que se dedica a entrenar a deportistas de elite me dijo en una ocasión que no había aprendido a respirar correctamente hasta bien entrado en la veintena, después de haberse dedicado profesionalmente varios años al fútbol. Hasta entonces, se había limitado a respirar con el pecho. Al principio, le resultó duro cambiar la manera de respirar, pero una vez lo logró no sólo mejoró sus aptitudes como deportista, sino que se encontró mucho mejor con su cuerpo.

Así pues, dedique un poco de su tiempo a aprender a respirar correctamente. Para ello, realice el siguiente ejercicio sentado, de pie o tumbado, como lo prefiera: coloque las manos encima del vientre, relaje el estómago y el diafragma y realice una inspiración lenta y profunda. Olvídese del pecho e imagine que el aire que entra en su cuerpo está hinchando un globo que hay dentro del vientre. Notará cómo las manos se mueven lentamente hacia arriba. Entonces expela todo el aire de manera que las manos vuelvan a bajar hasta recuperar la posición inicial. Tras realizar varias de estas inspiraciones largas y profundas, observará cómo de repente acaba inspirando de este modo inconscientemente, transmitiendo una agradable sensación de relajación. Si en el trabajo se da cuenta de que respira con el pecho, recargue las pilas y rebaje la tensión con una inspiración profunda que vaya directamente al vientre. Se puede hacer de un modo muy discreto.

La meditación a través del control de la respiración constituye una forma realmente eficaz de rebajar el estrés. Si nunca antes ha practicado la meditación o bien cree que no es lo suyo, replantéeselo. Cualquiera puede practicarla. De hecho, en un gran número de culturas forma parte de la práctica espiritual de cada persona y para miles de ejecutivos occidentales es una herramienta indispensable a la hora de centrarse y encontrar la paz interior en el bullicio del día a día. En realidad, la meditación consiste en sentarse en un lugar tranquilo y centrar toda la atención en una cosa, como por ejemplo la respiración, la llama de una vela, un cuadro o un mantra (un sonido o una palabra). Centrarse en la respiración durante diez minutos puede parecer algo bastante fácil, pero lo cierto es que requiere mucha concentración. Al poner toda la atención en la respiración, la mente se vuelve muy escurridiza y más que centrarse en la respiración en sí tiende a dejarse llevar por uno o dos pensamientos, con lo que es preciso conducirla de nuevo a la respiración. Al principio hay que intervenir docenas de veces, pero con la práctica centrar la mente es más fácil.

El gran beneficio fisiológico que comporta la práctica de la meditación es que el ritmo cardíaco disminuye y con él la tensión arterial. Si en condiciones normales las ondas del cerebro siguen un ritmo beta (entre 13 y 30 ciclos por segundo) y la mente (dominada por la mitad izquierda del cerebro) se halla sumida en un trasiego continuo de pensamientos, cuando escuchamos música, paseamos por el parque o meditamos se pasa a un ritmo alfa (entre 7 y 13 ciclos por segundo) y la mente pasa a un estado de relajación dominado por la mitad derecha del cerebro. La práctica diaria de la meditación rebaja notablemente los problemas de hipertensión.

EJERCICIO PRÁCTICO 5

Centrarse en la respiración

Este simple ejercicio de meditación constituye una manera efectiva de liberarse de la acción opresiva que un pensamiento estresante puede ejercer sobre el cuerpo y la mente. Practíquelo todos los días durante unos cuantos minutos y verá cómo acaba formando parte de su rutina diaria y se convierte en un momento especial para relajarse y recargar las pilas.

1. Busque un lugar tranquilo donde nadie pueda molestarlo. Siéntese apoyando los pies en el suelo, con las manos en el regazo y la columna vertebral bien recta, pero relajada, como si las vértebras fueran las cuentas de un collar suspendido por uno de sus extremos. Cierre los ojos o déjelos entreabiertos y dirija sus pensamientos hacia dentro.

2. Realice varias inspiraciones profundas de manera que el aire llegue hasta el estómago y luego fluya al exterior.

3. Repase mentalmente las diferentes partes del cuerpo. Sin intentar cambiar nada, determine qué partes están relajadas y cuáles están tensas o incómodas.

4. Ahora centre toda su atención en la respiración. Fíjese en lo que siente al inspirar y expeler el aire: la diferencia de temperatura, la expansión y contracción de la caja torácica... Si le vienen a la cabeza pensamientos inoportunos, deje que se vayan solos y centre de nuevo la atención en la respiración.

5. Cuando hayan transcurrido diez minutos o bien cuando esté en condiciones de concluir la sesión de meditación, deje que su mente vuelva poco a poco a la realidad del día a día.

PONERSE EN FORMA

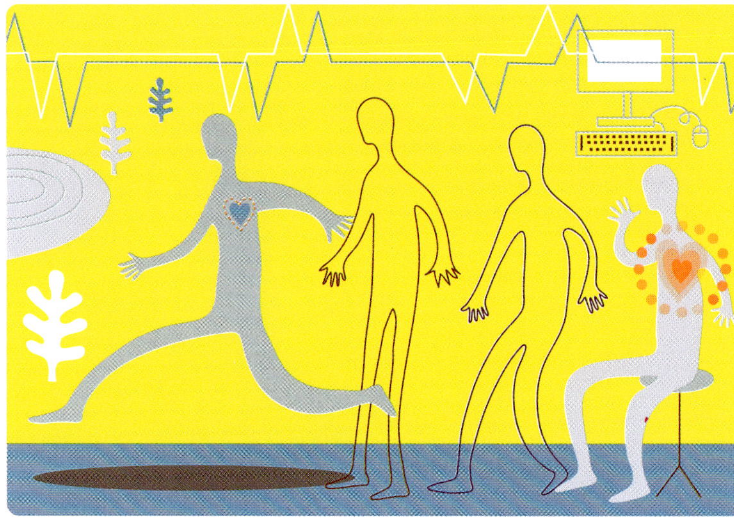

La mayoría de nosotros pasamos mucho tiempo sentados: en el trabajo, frente a la pantalla de ordenador, en reuniones o simplemente mientras vemos la televisión al final de una agotadora jornada de trabajo. Aunque mentalmente no paremos en todo el día, desde el punto de vista físico tendemos a llevar una vida sedentaria, casi sin percatarnos de ello, lo que dista mucho de ser lo mejor para nuestro bienestar.

Un cuerpo descuidado y en baja forma física limita sobremanera nuestro rendimiento mental y conlleva un gradual deterioro físico, si bien muchas veces no somos conscientes de cómo resultan afectadas nuestra capacidad y resistencia mentales. Conviene tener presente, pues, la dinámica relación existente entre la mente y el cuerpo: si se quiere desarrollar todo el potencial de uno, es imprescindible cuidar la salud y el estado físico.

Mucha gente que asume este compromiso con el cuerpo acude al gimnasio tres veces por semana y al finalizar los ejercicios pone mentalmente un visto bueno en la casilla de ejercicio físico, pero no introduce ningún cambio en la rutina diaria. No cabe duda de que esto es mejor que no hacer ejercicio, pero no es menos cierto que tiene sus limitaciones. Nuestro cuerpo requiere diferentes tipos de ejercicio según las circunstancias y el reto está precisamente en reconocer las necesidades del cuerpo a medida que éstas cambian.

La mayoría de las personas practican ejercicio con un alto contenido de entrenamiento cardiovascular o aeróbico. Existe una buena razón para que esto sea así. Una de las maneras que tienen los atletas para medir su estado es tomar como referencia la velocidad de recuperación, esto es, en cuánto tiempo se vuelve a recuperar la frecuencia cardíaca normal tras un esfuerzo físico. En ese sentido, no cabe duda de que cuando uno tiene que hacer frente en el trabajo a situaciones estresantes el impacto sobre el cuerpo es menos perjudicial si se

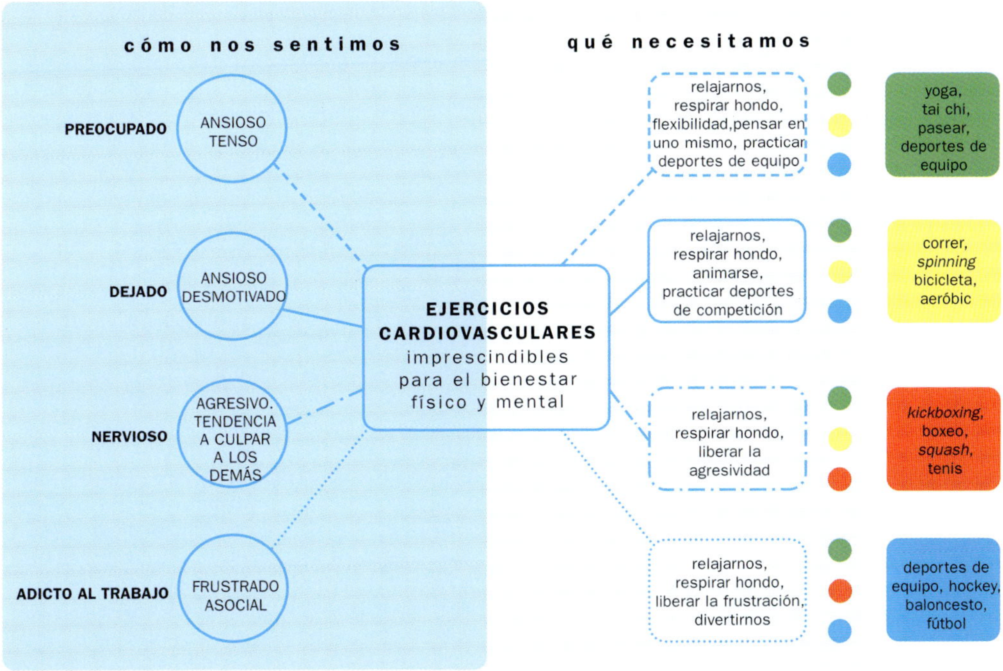

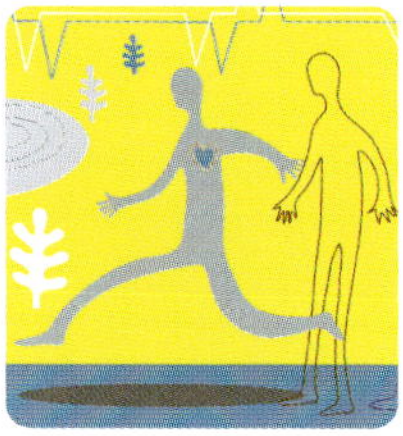

está en forma. Es decir, cada vez que la frecuencia cardíaca aumenta como respuesta al estrés de, por ejemplo, tener que realizar una presentación o recibir un informe sobre su rendimiento laboral, el tiempo de recuperación es menor si se tiene un corazón en forma.

Imaginemos que hemos tenido un día en el que nos hemos sentido irritados y exasperados, en el que todo ha ido mal y tenemos ganas de vapulear a alguien. Una manera efectiva (y mucho más segura) de liberar todo ese estrés acumulado podría ser hacer *punching*, jugar a *squash* o ir a correr, ejercicios todos ellos que permiten descargar frustración y dejan a uno como nuevo.

Pensemos ahora en un día estresante pero de otro tipo, uno que le haya creado mucha ansiedad. Imaginemos que se nos echa encima el plazo para presentar un proyecto, que un miembro fundamental del equipo de trabajo está enfermo o que las cifras de ventas no paran de caer en picado. En estas situaciones, el cuerpo precisa de ejercicio que nos haga respirar más hondo y libere la tensión acumulada, como el yoga o el tai chi. Al trabajar la flexibilidad no sólo mejora nuestro aspecto y evitamos posibles lesiones, sino que además, por esa relación tan íntima que existe entre el cuerpo y la mente, cuando se estiran y relajan los músculos la tensión mental acumulada se libera.

Si tiende a preocuparse con demasiada frecuencia, considere la posibilidad de practicar un ejercicio que trabaje la resistencia. Una vez más, interviene ese vínculo cuerpo-mente: si se fortalece, relaja y hace más flexible el cuerpo, y entonces es casi imposible mantener durante mucho tiempo un estado de ánimo ansioso o temeroso. Pruebe nuevos tipos de ejercicio, siempre bajo la supervisión de un entrenador. A medida que vaya desarrollando esa consciencia del propio cuerpo, éste le indicará qué tipo de ejercicio precisa. Escúchelo y confíe en él.

EJERCICIO PRÁCTICO 6

Realizar la tabla de ejercicios más adecuada

El cuerpo necesita ejercicios físicos que se ocupen de las siguientes cinco funciones: trabajar el tono cardiovascular, aumentar la energía y la fuerza, liberar la frustración o la ansiedad del cuerpo e incrementar la flexibilidad y el bienestar.

1. Siéntese provisto de papel, bolígrafo y su agenda. Consulte las entradas del último mes de la agenda y anote qué ejercicios ha realizado durante el mismo y cuál de las funciones arriba mencionadas ha trabajado.

2. A continuación, cierre los ojos y medite sobre lo que ha hecho durante ese mes con más detalle. ¿Se acuerda de cómo se sentía en diferentes momentos del mismo? ¿Cuándo se sintió mejor? ¿Y cuándo frustrado, angustiado o agotado? ¿Qué ejercicio cree que habría tenido que hacer, y no hizo, durante ese mes? Anote todas las respuestas.

3. Analice todo cuanto haya escrito. ¿En qué clase de ejercicios tiende a presentar lagunas? ¿Cómo integrar las cinco funciones mencionadas arriba? No tenga miedo de practicar deportes o ejercicios nuevos.

4. Hágase un hueco en la agenda para realizar al menos tres sesiones de ejercicio físico por semana durante el siguiente mes y medio. Propóngase respetar el programa marcado, sobre todo cuando se sienta tentado de ceder ante otras actividades en principio más entretenidas y, muy especialmente, cuando esté tentado de trabajar (recuerde que las sesiones de ejercicio físico tienen por finalidad maximizar su rendimiento en el trabajo).

5. Por último, imagínese cómo desearía sentirse dentro de un mes y medio: con una mayor capacidad de concentración, mayor agilidad mental, más motivado y eficiente, y obviamente más en forma.

EL PODER DEL TACTO

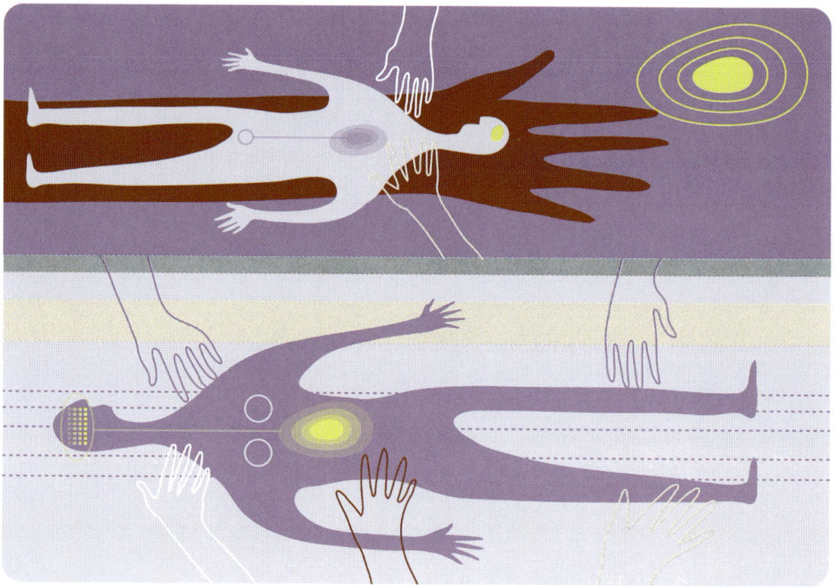

Nacemos ya con la necesidad imperiosa de que nos toquen, y esa necesidad pervive en nosotros desde recién nacidos hasta la edad adulta. Se sabe que este contacto es fundamental para que los bebés crezcan sanos. Un estudio del Touch Research Institute (Instituto de investigación sobre el tacto) de la Universidad de Miami demostró que los bebés prematuros a los que se acunaba entre los brazos un cuarto de hora tres veces al día ganaban un 47 % más de peso, se volvían más despiertos y abandonaban el hospital seis días antes que el resto de bebés prematuros que no habían recibido estas atenciones.

¿En qué medida afecta esto a las personas adultas? Es indudable que el contacto desempeña un papel fundamental en nuestro bienestar y, a pesar de ello, son muchas las personas que carecen de él en el día a día. Y es que el contacto físico con otro ser humano, ya sea un abrazo a una persona amada o simplemente un masaje, contribuye a crear una honda sensación de serenidad y calma.

El Touch Research Institute demostró hace ya muchos años el efecto positivo que tiene el contacto físico en nuestra fisiología y nuestro estado anímico. Está demostrado que los empleados que reciben un breve masaje de quince minutos en la espalda y los hombros (sin necesidad de desvestirse) tienen la mente más despierta y un menor nivel de adrenalina en la sangre.

La Harvard Medical School llevó a cabo un estudio con dos grupos diferentes de pacientes en espera de ser operados. En la mañana de la operación, sin duda un momento dominado por el temor y el estrés, los pacientes de un grupo recibieron la visita del anestesista, que comprobó su tensión arterial y mantuvo con ellos una pequeña conversación a propósito de la operación. En cambio, a los pacientes del otro grupo les sostuvo las manos mientras mantenía la misma conversación, sentado en la cama, que había tenido con el grupo anterior, además de tomarles la presión. Los resultados fueron contundentes, pues los pacientes que habían mantenido un contacto físico con el anestesista necesitaron de media la mitad de medicamentos y abandonaron el hospital tres días antes que los pacientes del otro grupo. Y son muchos más los estudios que demuestran: que el contacto con las manos contribuye a relajar la tensión y aumenta la sensación de bienestar.

Es evidente que en el caso de las personas adultas el contacto se halla limitado por toda una serie de convenciones sociales y connotaciones sexuales, lo que ciertamente le deja poco margen de maniobra en el ámbito del trabajo. En ese sentido, aquellos que de manera espontánea sientan el impulso de infundir tranquilidad a un compañero de trabajo tocándole el hombro, por poner un ejemplo, tienen que asegurarse antes de hacerlo de que dicho gesto no pueda interpretarse como algo inadecuado.

Partiendo de la base de que la tensión es enemiga del bienestar y el contacto físico es un formidable antídoto contra la tensión, ¿de qué manera podríamos compensar esta ausencia de contacto físico periódico en nuestras vidas? Una solución es recurrir a los servicios de un quiromasajista o cualquier otro profesional especializado en disciplinas de terapia táctil como las diferentes modalidades de masaje, shiatsu, reflexología y un largo etcétera, cuya finalidad no es otra que la de liberar la tensión del cuerpo para que la energía pueda fluir.

Sea cual sea la disciplina por la que se decante, cerciórese de que escoge a un profesional convenientemente cualificado, de manera que pueda tener la confianza suficiente en él como para poder relajarse del todo y sacar el máximo partido a la terapia táctil. Sólo así conseguirá que el nivel de adrenalina disminuya y el organismo entero logre reestablecer un equilibrio saludable. Pruebe también con el automasaje, ya que puede dar muy buenos resultados (*véase* ejercicio práctico, página siguiente).

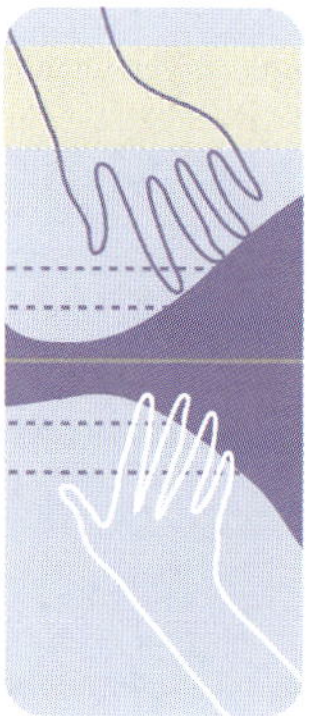

Por lo que respecta a la frecuencia, es conveniente realizar este tipo de terapias al menos una vez al mes y, en períodos de mayor estrés, aumentarla a una sesión semanal. No caiga, sin embargo, en el error de decirse cosas del estilo «cuando se acaben los problemas ya iré a hacerme un masaje y me calmaré», ya que se estaría haciendo un flaco favor. De hecho, es como pretender poner anticongelante al coche cuando la temperatura exterior ha caído ya bajo cero. Si encuentra que tal o cual modalidad de terapia táctil no es de su agrado, no se desanime y pruebe con otra. Una vez haya logrado dar con la terapia más adecuada y la haya practicado durante seis meses seguidos, se dará cuenta de que no puede vivir ya sin ella.

EJERCICIO PRÁCTICO 7

Un sencillo automasaje

En un día estresante, acumulamos tensión en los hombros, el cuello y la cara. Este sencillo tratamiento ayuda a evitar las jaquecas, liberar la tensión y combatir la fatiga.

1. Siéntese cómodamente en una silla que sujete bien la espalda. Lleve la mano derecha hasta el músculo que hay en lo alto del hombro izquierdo, de manera que la palma de la mano quede justo enfrente del hombro y los dedos detrás. Apriete y tire hacia arriba de dicho músculo, y a continuación realice movimientos circulares con los dedos buscando los puntos donde se ha acumulado la tensión y presionando sobre ellos con fuerza sin llegar a sentir dolor. Repita el ejercicio con la mano izquierda y el hombro derecho.

2. A continuación, realice movimientos circulares con las puntas de los dedos a ambos lados de las vértebras cervicales, justo en la base del cráneo. Tal vez le resulte más fácil si inclina la cabeza ligeramente hacia atrás. Presione sin llegar a sentir dolor.

3. Lleve las manos en los puntos donde la mandíbula se une al cráneo. Apriételas durante unos instantes para saber dónde se encuentran exactamente los músculos; una vez localizados, relaje la mandíbula y realice movimientos circulares con los dedos.

4. Ponga las yemas de los pulgares justo debajo del borde interior de las cejas y presione durante diez segundos. Relaje los dedos y vuelva a presionar durante otros diez segundos. Pellízquese con el pulgar y el dedo índice del centro de las cejas hasta las sienes.

5. Coloque los dedos corazón y anular un poco más allá del extremo exterior de las cuencas de los ojos, justo debajo de las sienes, y masajee la zona realizando lentos movimientos circulares durante dos minutos. Concluya la sesión respirando hondo.

UNA DIETA ADECUADA

Así como la calidad y el tipo de gasolina condicionan el rendimiento y la longevidad de un coche, la calidad y el tipo de alimentos que ingerimos condicionan sobremanera la salud, el rendimiento y la longevidad de nuestro organismo.

El rendimiento mental padece de un modo muy directo cualquier deficiencia en la alimentación, lo que no es incompatible con el hecho de comer mucho, ya que todo depende del tipo de alimentos que se ingieran. Los síntomas asociados van desde deterioro de la capacidad cognitiva, fatiga crónica o depresión hasta múltiples deficiencias, como esperma de mala calidad, un nivel de colesterol demasiado alto o, en los casos más crónicos, enfermedades serias. De hecho, muchos trastornos están relacionados con excesos o desequilibrios en la alimentación.

La dieta ocupa un lugar primordial entre los múltiples factores del estilo de vida que condicionan nuestro bienestar. Así pues, ¿cómo tendría que ser esa alimentación idónea para nuestra salud física y mental? Primero hay que responder a la pregunta de *cuándo* comer. El célebre dicho «Desayunar como un rey, comer como un príncipe y cenar como un pobre» es un excelente punto de referencia. No deje nunca de desayunar ni de comer y por la noche cene algo ligero para que haya tiempo suficiente de digerir la comida antes de irse a dormir. La siguiente pregunta es *cómo* se ha de comer. No coma cuando esté enfadado, distraído o tenga prisa, y preste atención a aquello que esté comiendo para que el organismo esté preparado para recibirlo. Saboree y disfrute con cada bocado, pues no olvide que comer es un placer.

En cuanto a la cuestión de *qué* comer, olvídese de las modas y las dietas, así como de la comida preparada y los productos industriales, ya que suelen tener grandes cantidades de sal, azúcar y grasas. Durante la segunda guerra mundial, las muertes por ataques al corazón experimentaron un descenso extraordinario en los países europeos ocupados como consecuencia de la escasez de productos tales como la mantequilla, el queso y la carne, todos ellos muy ricos en grasas saturadas. En cambio, cuando una vez finalizada la contienda volvieron a estar disponibles, el índice de muertes por esa causa se recuperó de nuevo.

Nuestro organismo está programado para alimentarse de los productos sencillos y frescos que crecen de la tierra de una pequeña cantidad de proteínas. Si come una gran variedad de frutas y vegetales, cereales, semillas y frutos secos, sin olvidar la soja, estará asegurándose de que su cuerpo reciba el amplio espectro de nutrientes que necesita. Si no es vegetariano, incluya también en su dieta pequeñas cantidades de carne biológica (no tratada) procedente de pasto, así como el siempre sabroso y sano pescado.

HIDRATE EL CUERPO

Si padece jaquecas, se encuentra lento de reflejos y bajo de energía, quizá esté deshidratado, y si alguna vez nota que se le resecan los labios, quiere decir que necesita hidratarse. Tenga siempre una botella de agua junto a la mesa de la oficina y acostúmbrese a beber al menos ocho vasos al día.

Otra manera de mantener bien hidratado el organismo consiste en comer fruta fresca durante el día, ya que la fruta, al igual que las hortalizas, son muy ricas en agua. No está de más, pues, tener también a mano un poco de fruta fresca y madura.

MEJORAR LA CALIDAD DEL SUEÑO

Según la American Academy of Sleep Medicine, más de cien millones de estadounidenses no duermen bien. La región «pensante» de nuestro cerebro, el córtex frontal, necesita del sueño para recuperarse de todo el día, lo que no deberíamos pasar por alto, ya que regula la capacidad de atención, el habla, la memoria y la capacidad de pensar de un modo original y flexible, habilidades todas ellas imprescindibles para rendir en el trabajo. El Loughborough Sleep Research Centre del Reino Unido ha demostrado científicamente hasta qué punto la falta de horas de sueño afecta al ser humano: deterioro de la capacidad de pensar y comunicarse en buenas condiciones, falta de concentración, dificultad para tomar decisiones, pérdida de agilidad mental o dificultad a la hora de cambiar de estrategia ante un cambio inesperado. Queda claro, pues, que para rendir en el trabajo al nivel óptimo es fundamental dormir bien.

Las consecuencias que comporta la falta de horas de sueño resultan especialmente contraproducentes en el caso de personas agotadas física y mentalmente que tienen que tomar decisiones importantes, mortales de necesidad, como por ejemplo los directivos, los ingenieros, los militares o el personal médico. La falta de descanso puede ser incluso mortal para los conductores, sobre todo para los que por motivos profesionales deben recorrer largas distancias en monótonas carreteras.

El cuerpo humano está diseñado para dormir dos veces en veinticuatro horas: un reposo largo por la noche y una breve siesta después de comer. ¿Quién no se ha encontrado alguna vez en una aburrida reunión, nada más acabar de comer, haciendo esfuerzos inhumanos por mantener los ojos abiertos? Para evitar tan incómodos bretes, nada mejor que una breve siesta de diez minutos. Si, no obstante, es incapaz de dormir después de comer, una buena alternativa consiste en caminar al aire libre para desperezar el cuerpo y beber una buena cantidad de agua al regresar al trabajo.

Disfrutar de un sueño reparador por las noches depende, en no poca medida, del modo en que se pasen las horas previas a acostarse. Intente seguir los siguientes consejos para crear una nueva pauta de hábitos y actitudes con respecto al sueño. En primer lugar, evite en la medida de lo posible llevarse trabajo a casa, pero si tiene que hacerlo obligatoriamente, asegúrese de que lo deja a una hora razonable; bajo ningún concepto se lo lleve a la cama. Tome una cena ligera y no ingiera bebidas con cafeína o alcohol en las dos horas previas al momento de irse

LOS BIORRITMOS

El organismo tiene más de cien ritmos circadianos (ciclos de veinticuatro horas), cada uno de los cuales condiciona algún aspecto de su funcionamiento corporal, incluido el sueño y el estado de vigilia.

¿Le cuesta levantarse por las mañanas, o bien tiende a estar soñoliento por las tardes y le cuesta concentrarse? Ignorar el ritmo natural que cada uno tiene e intentar obligarse a estar al cien por cien en el momento inadecuado del día, cuando la flexibilidad cognitiva, la consciencia y la capacidad de toma de decisiones se encuentran bajo mínimos, resulta harto imposible.

Por ello, para rendir a un nivel óptimo es fundamental conocer y respetar el reloj biológico de cada uno. Analice en qué momentos del día se encuentra más despierto a lo largo de dos semanas. Al hacerlo, sabrá cuál es su biorritmo y de ese modo podrá maximizar su rendimiento organizando la jornada laboral en función del mismo, como por ejemplo fijando las reuniones para aquella parte del día en que sabe que se encuentra más despierto y activo.

a dormir. Dedique la hora antes de acostarse a relajarse, ajeno a las preocupaciones del día, y en lo posible intente incorporar una sesión de meditación (*véase* ejercicio práctico 5, pág. 57). Espere a tener sueño antes de irse a la cama.

Si por alguna razón no puede dormir, intente el siguiente truco: métase en la ducha, moje con agua fría las piernas y los pies durante dos minutos; a continuación, séquelos y vuelva a la cama. Al punto sentirá cómo los pies se calientan y caerá rendido de sueño al instante. Desconozco la base científica de este truco, ¡pero le aseguro que funciona!

Si se despierta en medio de la noche y la mente se pone enseguida a cien por hora, intente deshacerse de esos pensamientos y concéntrese en la respiración. No permanezca nunca en la cama desvelado dando vueltas y más vueltas, ya que sólo le servirá para asociar la cama con estar desvelado y no conseguirá dormir. En esos casos, levántese y póngase a hacer algo que no requiera grandes esfuerzos en otra habitación, pero nunca se ponga a trabajar, a ver la televisión o a navegar por Internet. En ese sentido, el Loughborough Sleep Research Centre sugiere que ponerse a hacer un puzzle suele dar muy buenos resultados. En cualquier caso, espere a empezar a notar el sueño antes de regresar a la cama.

El insomnio o el dormir mal no resultan contraproducentes en sí, pero nunca hay que llegar a conclusiones engañosas del tipo «si pudiera dormir mejor, no estaría tan estresado el resto del día», ya que el estrés y la ansiedad van antes y el insomnio o el dormir mal no son más que sus síntomas. Así, si pasa una temporada en la que no acaba de dormir del todo bien, indague qué es lo que le impide conciliar en realidad el sueño. A lo largo de este libro encontrará numerosas técnicas y consejos destinados a derrotar el estrés y sacar todo el potencial interior o alcanzar todo su potencial como persona.

EJERCICIO PRÁCTICO 8

Propiciar el sueño

Un aspecto básico a la hora de conseguir dormir mejor es hacer del dormitorio un paraíso del sueño, un lugar donde reine la tranquilidad y la intimidad más absolutas. El siguiente ejercicio tiene como finalidad ayudar a crear ese paraíso de la tranquilidad para que nada más entrar en él el cuerpo y la mente ya empiecen a relajarse.

1. Fíjese con detenimiento en su dormitorio. ¿Cuál es el color predominante? Cada persona responde de un modo particular a los colores, pero por lo general los tonos azules y verdes suelen resultar más relajantes. Considere la posibilidad de pintar la habitación en tonos más suaves o bien pinte las paredes y el techo de un color neutro y elija otro más relajante para la ropa de la cama y los almohadones.

2. Fíjese ahora en las cortinas. ¿Son lo bastante largas y anchas? ¿Dejan pasar la luz del exterior aunque estén cerradas? Para dormir el máximo de horas, escoja unas cortinas en tonos oscuros y que estén totalmente forradas para que no entre la luz.

3. ¿Es cómoda la cama? Asegúrese de que el colchón sea el apropiado y no se olvide de darle la vuelta de forma periódica. Invierta en una almohada y unas sábanas de calidad de manera que irse a la cama se convierta en un auténtico placer.

4. Ordene los armarios y los cajones de modo que la habitación quede despejada. Prohiba la entrada al trabajo, el ordenador, la televisión y a todo lo que pueda distraerle la mente. Escuche, en cambio, algo de música suave o lea un libro relajante antes de intentar dormir.

5. Intente crear una atmósfera de paz en la habitación introduciendo algún objeto especial, como un cuadro relajante o un jarro bonito. Otra posibilidad son los aceites esenciales, como la lavanda, la mejorana o el ilang-ilang en ambientadores eléctricos.

BUSCAR UN EQUILIBRIO

¿Sabía que el equilibrio (o su ausencia) entre el trabajo y el resto de las facetas de la vida condiciona en buena medida nuestra salud mental y física? Durante los últimos veinticinco años, el doctor Dean Ornish se ha dedicado a estudiar científicamente el impacto de diversos estilos de vida sobre pacientes estadounidenses aquejados de enfermedades coronarias y ha llegado a la conclusión de que un estilo de vida que favorezca el bienestar puede llegar a combatir enfermedades coronarias graves sin necesidad de recurrir a medicinas ni cirugía. Este descubrimiento sin duda alguna habrá de tener enormes implicaciones a la hora de asegurar el bienestar a la población en el futuro.

Se ha escrito mucho sobre ese equilibrio entre la vida y el trabajo, y en general el mensaje es siempre el mismo: la necesidad de conciliar la vida profesional con la privada. Ahora bien, intente por un momento reflexionar sobre el siguiente pensamiento: «Estoy vivo; ese milagro de la vida no tiene precio y tengo que aprovecharlo al máximo».

Todos tenemos la necesidad innata de estimular la mente, amar y sentirnos amados, disfrutar de intimidad, hacer ejercicio y llevar una buena alimentación, relacionarnos con los demás, reconfortar el espíritu y dar rienda suelta a la inspiración. Cuando todas estas necesidades se cumplen, nos sentimos felices, animados y sanos. En cambio, cuando descuidamos una o más de ellas, su carencia nos carcome por dentro hasta poner en peligro nuestra felicidad y bienestar.

El Mapa del equilibrio vital de John Faulkner (*véa-*

MAPA DEL EQUILIBRIO VITAL DE FAULKNER

práctica + integración = transformación

Esta tabla recoge los seis «compartimentos de la vida» que es preciso ir «llenando» para, de ese modo, disfrutar de una vida armónica y equilibrada. Cuanto más practique las actividades de los diferentes compartimentos y los integre entre sí, tanto más se realizará en las diferentes facetas de la vida.

MENTAL

Actividades tanto de la mitad izquierda como derecha del cerebro

Pensamiento lógico y racional, amplitud de miras, resolución de problemas, análisis en profundidad, decisión, ideas claras, capacidad de priorizar, creatividad, intuición.

FÍSICO

Cuidado y utilización del cuerpo

Ejercicios cardiovasculares como correr o nadar, flexibilidad, incrementar la energía y resistencia, nutrición, relajación, terapias táctiles como el masaje o shiatsu.

EMOCIONAL

Actitud abierta ante la propia vida emocional (amor, sensibilidad, confianza, rabia, temor, vergüenza, vulnerabilidad, diversión), relación con los demás a través del amor.

SOCIAL

Sentido de pertenencia a un círculo, grupo o comunidad; participar en la comunidad (cultura, política, voluntariado).

ESPIRITUAL

Valores y creencias personales

Sentido de la ética y la vida, práctica espiritual o religiosa, meditación, vivir en armonía con los demás.

SIMBÓLICO

Inspiraciones importantes en la vida

Imágenes, símbolos, leyendas, mitos, historias, fábulas, parábolas, iconos, roles, modelos, mentores, gurús, fantasías y sueños.

se pág. 73) muestra cómo se colman esos seis ámbitos vitales que acabamos de mencionar. Para ello, Faulkner imagina la vida dividida en seis compartimentos con las siguientes denominaciones: mental, físico, emocional, social, espiritual y simbólico, cada uno de los cuales puede (y debe) relacionarse con el resto.

Imaginemos una actividad que ayude a mejorar varios de esos compartimentos vitales al mismo tiempo, como por ejemplo salir a navegar con la familia y los amigos. Por un lado, colma la faceta física ya que para navegar hay que estar en forma, y la faceta emocional, pues se está con seres queridos; también la faceta social, ya que se forma parte de un grupo de personas con las que además se pasan ratos muy agradables. Y por último, la faceta simbólica, ya que para los aficionados a la vela el agua, el viento y el sol suelen simbolizar la libertad.

Analice ahora su propio equilibrio vital. Recuerde que participa en un gran número de actividades, de las que el trabajo es tan sólo una, y que son seis los ámbitos que hay que cuidar para equilibrar la balanza. Evidentemente, es imposible que el trabajo colme cada una de ellas, así que tome consciencia de dónde presenta más lagunas.

La primera vez que realice este análisis introspectivo es probable que llegue a la conclusión de que hay un par de compartimentos muy llenos o bastante llenos, otros dos medio llenos y uno o dos bastante vacíos. Son precisamente estos últimos los que le permitirán concienciarse de las lagunas que pueda presentar en su vida y de aquellas facetas que tiene más descuidadas, a veces de manera totalmente inconsciente. Una vez detectadas las áreas que hay que mejorar se encontrará ya en disposición de dar los pasos para reequilibrar la balanza y vivir una vida mucho más plena. Pruébelo y lo comprobará.

EJERCICIO PRÁCTICO 9

Busque el equilibrio en su vida

Al analizar el equilibrio vital que cada uno de nosotros tenemos, podemos tomar consciencia de aquellos ámbitos de nuestra vida donde más brillamos, así como de aquellos donde andamos más flojos, y de ese modo poder tomar decisiones que redunden en una mejor calidad de vida. Con un poco de disciplina, este ejercicio le será de gran ayuda a la hora de mejorar su bienestar físico y mental.

1. Siéntese en un lugar tranquilo provisto de papel y bolígrafo y trace seis rectángulos, como los del Mapa del equilibrio vital de Faulkner (*véase* pág. 73). Dibuje uno para cada una de las siguientes facetas: mental, física, emocional, social, espiritual y simbólica, pero no escriba nada en ellos.

2. Reflexione sobre su vida con respecto a cada una de las facetas arriba mencionadas. ¿Qué contenedores, si es que hay alguno, están repletos? ¿Y cuáles medio llenos? ¿Hay alguno que esté casi vacío? Trace una recta en cada uno de los rectángulos a la altura que según su parecer represente mejor la situación en que se encuentren.

3. Céntrese en el rectángulo que esté más vacío. ¿De qué modo podría llenarlo y relacionarlo, además, con el resto para integrarlos unos con otros?

4. Intente concretar lo mejor posible de qué modo podría trasladar ese propósito al día a día. Recuerde que tiene que ejercitarse periódicamente. Lleve un diario de los progresos que vaya realizando.

5. Una vez que el contenedor más vacío se halle algo más lleno, proceda con el siguiente y así hasta que todos los contenedores estén llenos.

UN ENTORNO APROPIADO

Para muchas personas el trabajo es el lugar donde más horas pasan de su vida, lo que sin duda da que pensar. Ya se trate de un enorme despacho con vistas a toda la ciudad como de un minúsculo cubículo con una mesa y un teléfono, constituye el lugar de trabajo, y es indudable que su calidad infundirá (o no) un sentimiento de tranquilidad y bienestar a quien trabaje en él que redundará directamente en su rendimiento. Vale la pena, pues, dedicar unos cuantos minutos a analizar el entorno en que se trabaja; a veces basta con hacer uno o dos pequeños retoques para mejorar la calidad de vida en el trabajo.

Si es consciente de que el entorno físico donde trabaja le importuna de un modo u otro, empiece por analizar las respuestas que le provoca. En ocasiones, lo que para uno es perfecto para otro es pésimo. Mucha gente encuentra que las oficinas sin paredes divisorias son estimulantes y acogedoras, mientras que para otros les resultan demasiado ruidosas y se ven en la necesidad de levantar «paredes» con macetas para tener algo de intimidad; y hay quien prefiere los despachos cerrados tradicionales, mientras que otros los encuentran claustrofóbicos.

Tomar consciencia del modo en que se organiza el lugar de trabajo ayuda mucho, aunque sea en pequeños detalles. Así, por ejemplo, si clasificar documentos forma parte de su trabajo diario, no coloque los archivadores en un rincón medio oculto. Por otro lado, el emplazamiento del teléfono y la iluminación, la altura de la mesa y la calidad de la silla o butaca son aspectos que hay que tener muy en cuenta.

Recuerdo el caso de un ejecutivo muy alto que durante muchos años padeció un dolor crónico en la parte baja de la espalda. Lo atribuía al estrés generado por el trabajo, ya

EJERCICIO PRÁCTICO 10

Hágase suyo el lugar de trabajo

Reestructurar el lugar de trabajo puede proporcionar sorprendentes beneficios. Conseguir que le facilite el trabajo y le infunda a un mismo tiempo tranquilidad contribuirá enormemente a encontrarse a gusto en el trabajo.

1. Siéntese en un lugar tranquilo y analice qué tipos de actividades realiza en su lugar habitual de trabajo: consultar el ordenador, hablar por teléfono, escribir, archivar, hablar con la gente... Anote las funciones que considere más importantes.

2. Analice con detalle cómo le ayuda el entorno a llevar a cabo esas actividades (altura de la mesa y las sillas, ubicación del equipo, iluminación, ventilación). Si el mobiliario no está fijo al suelo, no dude en cambiarlo de sitio, si así lo cree necesario, para conseguir un entorno de calidad que favorezca su trabajo.

3. ¿Es una persona sistemática? Mantenga siempre el lugar de trabajo perfectamente ordenado haciendo cierto aquello de «Cada cosa en su sitio y un sitio para cada cosa». Recuerde que una correcta gestión documental no tiene precio.

4. Llegados a este punto, es el momento de introducir una nota atractiva en el lugar de trabajo. Las flores ayudan mucho a transformar un despacho normal y corriente en un lugar donde la belleza y la fragancia tienen cabida. Piense en qué otras cosas contribuirían a infundir placer y tranquilidad a su espíritu, como tal vez fotografías de seres queridos o una imagen o un cuadro bonito.

5. Propóngase mantener en condiciones el lugar de trabajo. Para ello sólo se requieren unos pocos minutos al día y en cambio proporciona una sensación de tranquilidad y orden que favorece su rendimiento.

que en vacaciones experimentaba una notable mejoría. Cuando, tras analizar a conciencia el despacho donde trabajaba, subió la altura de la mesa con ayuda de unos pequeños calzos y se cambió la silla por otra de más calidad, el dolor de espalda desapareció como por arte de magia. Se trata, pues, de crear un entorno que se adapte desde un punto de vista ergonómico a las particularidades de cada uno, de modo que el cuerpo no sufra al trabajar.

Atención especial merecen los montones de papel encima de la mesa de trabajo. Y hablo con conocimiento de causa, pues durante mucho tiempo mi escritorio estuvo oculto literalmente bajo una espesa capa de papeles e informes, hasta que un día la señora de la limpieza me dijo: «Como no puedo quitar el polvo a la mesa, me limito a soplar sobre el montón de papeles». El desorden en el lugar de trabajo es, cuando menos, sinónimo de desorganización. Además, favorece la acumulación de polvo y crea muy mala impresión. Si no le preocupa convivir con el desorden, es posible que sea porque nunca ha experimentado la tranquilidad que proporciona trabajar en un entorno ordenado. El desorden no infunde calma ni facilita la concentración.

No cabe duda de que un entorno de trabajo deficiente contribuye a minar el rendimiento y la sensación de bienestar de quienes desarrollan su actividad profesional en él. Un director de proyectos me contó que en su juventud tuvo que trabajar en una oficina situada justo encima de un restaurante de comida rápida, y cada vez que respiraba le llegaba un insoportable olor. Como era de esperar, su rendimiento profesional se vio muy afectado por aquel entorno tan poco propicio.

Como se sabe, hay toda una serie de requisitos legales destinados a garantizar la salud y la seguridad de los empleados, y si en alguna ocasión cree que dicha normativa no se cumple debe tomar cartas en el asunto. Algo tan sencillo como una ventilación insuficiente puede repercutir negativamente en la manera en que uno se siente y trabaja.

No se limite a transmitir sus quejas a los compañeros y diríjase a la persona que tenga la competencia para acometer los cambios necesarios. Es obvio que el lugar donde uno trabaja tiene que cumplir al menos los requisitos mínimos estipulados por la normativa legal.

Ahora bien, puede darse el caso de que el entorno físico sea perfectamente correcto, pero que le disguste el clima laboral reinante. En estos casos, el problema está en las relaciones con los compañeros. Es preciso intervenir siempre que una relación sea causa de desasosiego, incluso cuando la sola idea de hacerlo le desagrade. En el capítulo cuarto encontrará numerosas sugerencias al respecto, aunque muchas veces basta con algo tan sencillo como decirle a la persona en cuestión: «Te estaría muy agradecido si cambiaras la manera que tienes de (tal y cual cosa), ya que me hace sentir (tal y cual cosa)». Es indudable que hace falta tener valor para hacerlo, pero muchas veces sucede que la gente no es consciente de que puede llegar a incomodar a los otros.

Vale la pena tomarse la molestia de hacer una lista con los aspectos de su lugar de trabajo que minan su rendimiento o le disgustan, y luego clasificarlos en una de estas dos categorías:

- Aspectos que se pueden cambiar o mejorar. Pregúntese qué podría contribuir a mejorarlos. Sea imaginativo y concreto al mismo tiempo sobre las medidas que pueden tomarse y asegúrese de llevarlas a cabo. Muchas veces, un cambio, por modesto que sea, contribuye enormemente a mejorar el rendimiento y la actitud de uno.

- Aspectos que no se pueden cambiar. Se puede intentar ignorarlos, pero al final acaban generando tensión; si son insoportables cabe la posibilidad de plantearse cambiar de trabajo. Hay, sin embargo, una alternativa mucho más positiva: si no puede cambiar algo, averigüe quién puede hacerlo y diríjase a él. Piense qué haría usted en su lugar y preséntele una lista con ideas para que las tome en consideración. Nunca se sabe, a lo mejor acaba llevándolas a la práctica...

PENSAR EN UNO MISMO

Una de las cosas que tienen en común las personas que trabajan es la falta permanente de tiempo. Vivimos la vida como si fuésemos un hámster subido a la rueda giratoria de la jaula, sin tiempo para relajarnos ni tan siquiera para divertirnos. Las semanas se reducen a trabajar un sinfín de horas, llegar a casa muertos de cansancio por la noche e intentar estar bien con la pareja o la familia. Cuando llega el fin de semana, tenemos que hacer todo aquello que no hemos tenido tiempo de hacer entre semana, como poner lavadoras, ir de compras, limpiar la casa y, tal vez, salir por la noche. Con una vida como ésta, es difícil encontrar un momento para hacer un alto.

Tiene gracia que mientras ansiamos encontrar un momento para nosotros mismos, acabemos diciendo: «¿Cómo voy a poder encontrarlo si apenas veo a mi familia?». Podríamos optar por dejar la cuestión aquí, pero hay dos motivos por los que no conviene hacerlo. Primero, en un mundo laboral tan estresante como el nuestro, consagrar parte de nuestro tiempo a cuidar nuestro bienestar no es un lujo, sino una necesidad absoluta. Por ello, no debería considerarse una actividad opcional de la agenda, sino una manera de liberar el estrés, recargar pilas y cuidar la salud. Después de todo, ¿cómo se puede pretender rendir al cien por cien en el trabajo si se está por los suelos? El segundo motivo es que siempre se puede encontrar algo de tiempo para dedicarse a uno mismo. De hecho, suelen ser precisamente las personas que tienen unas agendas frenéticas rebosantes de obligaciones las que logran reservar tiempo para sí mismas con mayor éxito. Ello se debe a que tienen perfectamente estructurado su tiempo y se reservan huecos personales, sobre todo una vez han constatado las ventajas que ello les comporta.

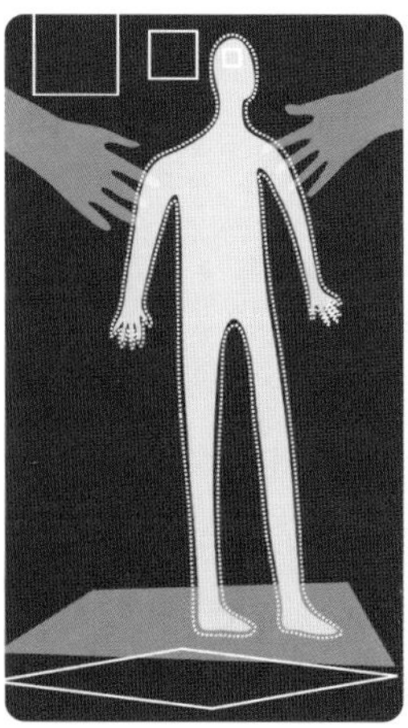

EJERCICIO PRÁCTICO 11

Ese compromiso irrenunciable que es uno mismo

Con una vida tan frenética como la que llevamos hace falta no poca imaginación para encontrar tiempo para uno mismo, pero basta con proponérselo. Al principio puede resultar un tanto extraño e incluso parecer egoísta, pero si prioriza de esta manera su propio bienestar durante un par de meses verá cómo se encuentra con más fuerzas y confianza en sí mismo.

1. Siéntese provisto de un calendario y repase en él la agenda, buscando posibles huecos que pueda dedicarse a sí mismo, como por ejemplo la hora de la comida o al final de la jornada de trabajo. Considere incluso la posibilidad de levantarse un poco antes o prescindir de media hora de televisión por la noche. Piense qué es lo que mejor se adecua a sus circunstancias (si tiene pareja, coméntelo con él/ella).

2. Resérvese como mínimo media hora al día durante las dos siguientes semanas.

3. Decida cómo quiere emplear ese tiempo y organícelo en consecuencia. Por ejemplo, si quiere hacer ejercicio, participar en alguna sesión de meditación o que le den un masaje, pida hora con antelación. Si tiene que llevar ropa especial, anótelo en la agenda para acordarse de prepararla la víspera.

4. Propóngase respetar ese espacio de tiempo para sí, sobre todo cuando las circunstancias (y muchas veces, usted mismo) le inviten a no hacerlo. Recuerde que es un tiempo que usted merece. A medida que pasen los días, fíjese en las franjas horarias que le van mejor.

5. Al término de la primera semana, prográmese las dos siguientes.

¿Cómo hacer, pues, para crear un paréntesis todos los días en el que poder calmar el espíritu, recargar pilas y mejorar el rendimiento? Hay que ser realistas: nadie le va a dar tiempo para que haga un alto; la única persona que puede cambiar el estado de las cosas es usted mismo. Llegados a este punto, lo más probable es que acabe diciéndose: «Si fuera algo tan sencillo, ya lo habría hecho». En ese sentido, tal vez lo primero que necesite analizar es si verdaderamente está dispuesto a pasar por ese período de transición, que a veces resulta arriesgado y nada cómodo, hasta integrar en su día a día ese tiempo para uno mismo. Porque poder, se puede.

Empiece preguntándose: «Si me diera un paréntesis todos los días, ¿cómo me sentiría?». Es posible que si se encuentra desbordado por el trabajo la idea no le seduzca. En ese caso, recuerde que rinde mucho más una persona fresca y descansada que una que está agotada y debiera haberse ido ya a casa hace varias horas.

Otra posibilidad es que se sienta un tanto egoísta. Tenga presente que cuando se lleva una vida tan exigente, lo primero es el cuidado de uno mismo. De lo contrario, lo único que se consigue es defraudar a los demás. Recuerde aquello de «Amarás al prójimo como a ti mismo», pero note que no dice «Amarás al prójimo hasta que no puedas ya con tu alma».

Puede que tenga miedo de que le consideren incapaz de rendir al cien por cien de sus posibilidades. Es innegable que hay empresas que exigen a sus empleados dar el todo por el todo en jornadas realmente interminables y agotadoras. En una de ellas conocí a un ejecutivo que tenía la valentía de volver a casa todos los días a la hora que en principio le correspondía por el bien de sí mismo y de su familia. ¿Le dieron la espalda sus compañeros por ello? En absoluto. «Es cierto que cuando

le llega la hora de irse a casa nadie le puede hacer cambiar de idea» reconocía uno de sus compañeros, «pero cuando trabaja lo hace al ciento diez por ciento».

La pregunta clave es hasta qué punto piensa que es importante asumir toda la responsabilidad de cuidar la salud y las fuerzas. Es indudable que lo primero es cuidar de uno mismo, o de lo contrario nuestra marcha por la vida será renqueante. Aclare cuáles son sus prioridades.

Para empezar, consulte su agenda y busque un hueco en el que pueda dedicarse al menos media hora cada día para consagrarse a su propio bienestar. Cada día. Conozco a un ejecutivo que se levanta todas las mañanas a las cinco de la madrugada para correr y disfrutar de un rato de tranquilidad y silencio. Si no le seduce la idea de levantarse antes de lo habitual, considere la posibilidad de alargar la comida o reservarse una hora cada noche. Una vez haya encontrado el momento más adecuado, resérveselo en la agenda para al menos el siguiente mes, de manera que pueda asentar este nuevo hábito en su día a día.

El siguiente paso consiste en hacerse el firme propósito de perseverar. La persona que más fácilmente intentará sabotear ese nuevo hábito no es otra que usted mismo, y es que las costumbres adquiridas tiran muy fuerte. Así pues, sea disciplinado y oblíguese a no pasar por alto ese tiempo que ha consagrado a su propio bienestar. Durante el mismo no haga nada que no sea centrarse en sí mismo. Si no está acostumbrado a dedicarse tiempo, imagínese con qué empeño se lo tomaría si hubiera de pasarlo con una persona amada o un cliente importante. ¿No se merece acaso ese mismo grado de atención?

Tal vez piense que el hecho de tomarse cierto tiempo para usted le pueda ocasionar trastornos importantes en su día a día. Ello es poco probable y, es más, tal vez encuentre que su vida no experimenta cambio alguno. Seguirá haciendo lo mismo que antes. La diferencia estribará en que se sentirá con más fuerzas y confianza al hacerlo.

PENSAR EN CLAVE POSITIVA

¿Se ha fijado en que algunas personas van por la vida temiéndose siempre lo peor? Si se les propone ir a la playa, enseguida sacan el tema de las quemaduras de sol, las picaduras de insectos y la arena en los bocadillos, por no mencionar las caravanas de tráfico de regreso a casa. Si piensa en sus amigos y compañeros de trabajo, seguro que encontrará entre ellos a alguno que siempre le haga ver las cosas buenas de la vida con su actitud positiva, mientras que otros no hacen más que deprimirle a uno con su negro pesimismo.

Todos tenemos hábitos de pensamiento, al igual que tenemos hábitos de acción o formas de actuar concretas, como cuando al llegar a casa del trabajo cada día saludamos a quien haya en ese momento, dejamos el maletín en un sitio determinado, nos cambiamos de ropa... Es absolutamente fundamental tomar consciencia de los hábitos de pensamiento propios de cada uno (*véanse* págs. 40-43), ya que son ellos los que en definitiva determinan el estado mental y emocional internos en el que vivimos. Si siempre se teme lo peor, lo más probable es que al final acabe haciendo realidad sus propios temores.

Deténgase en los aspectos positivos de su vida e intégrelos en su pauta de pensamiento. Pensar en clave positiva no tiene precio y permite:

- darse cuenta de que incluso en tiempos difíciles hay lugar para las oportunidades
- hacer frente a las dificultades
- contrarrestar la negatividad de los demás
- tener una actitud más abierta hacia las cosas buenas de los demás
- cultivar la gratitud (siempre hay algo por lo que estar agradecido)
- sentirse feliz la mayor parte del tiempo y disfrutar en definitiva de la vida

¿Tiene alguna ventaja pensar en clave negativa? Pregúnteselo a una persona que tienda a hacerlo y verá cómo enseguida le contesta que en absoluto es una persona negativa, sino «realista». Entonces le intentará demostrar lo prudente que es estar preparado para lo peor, ya que de ese modo nada le pillará desprevenido. Menuda tontería, sinceramente. No cabe duda de que un pensamiento en clave positiva debe ser consciente de las posibles pegas de tal o cual situación, pero sólo para dejarlas a un lado inmediatamente. Además, las personas que tienden a verlo todo negativo suelen propiciar unas consecuencias fisiológicas en el organismo nada beneficiosas, como la subida repentina de hormonas del estrés, mientras que por el contrario los pensamientos positivos estimulan la secreción de hormonas placenteras, que a su vez refuerzan el sistema

inmunológico. Si después de realizar una radiografía de la mente durante unos cuantos minutos (*véase* pág. 43) sospecha que tiende a ver el lado negativo o estresante de las cosas, recurra a su preparador interno (*véanse* págs. 52-53) para que le ayude a fomentar una actitud positiva ante la vida. Deténgase por unos instantes a analizar la clase de cosas que suele decir y prohíbase terminantemente frases que presagien algo malo, como «no sé por qué, pero me parece que algo no va ir bien», y reemplácelas por otras más optimistas del estilo «hoy tengo un reto ante mí, pero conseguiré que las cosas vayan adelante». Evite a toda costa el cotilleo, los comentarios cínicos o las críticas destructivas, y evite a las personas que suelan hacerlo. En su lugar, transmita mensajes positivos, como los cumplidos o palabras de ánimo. En definitiva, propóngase pensar en clave positiva hasta que esto sea algo habitual.

Es evidente que por muy positiva que sea nuestra actitud ante la vida siempre se dan circunstancias en que todo parece ir mal. En realidad, no es que haya algo que esté mal, sino que nos falta ese punto de inspiración y no acertamos a vislumbrar nada estimulante en el horizonte. Si alguna vez se encuentra en semejante situación, considere la posibilidad de tomarse cierto tiempo para construir su ideal o visión propia, personal y positiva de lo que ha de ser su vida. Así como las empresas planifican hacia dónde deben tomar sus decisiones, lo mismo tenemos que hacer las personas. La visión personal de uno mismo anima y da fuerzas a la hora de afrontar el día a día y le permite darse cuenta de lo que de verdad tiene importancia. También ayuda a tomar decisiones en los momentos clave.

Lo verdaderamente importante de esta visión personal es que ha de servirle a uno de inspiración, esto es, ha de parecerle irresistible y apasionante al mismo tiempo. Piense qué le proporcionaría un hondo sentimiento de satisfacción y realización y verá cómo nota una explosión de euforia que recorre todo su cuerpo. Así, si está trabajando en una empresa y se imagina que en cinco años podría ser un directivo e ir a jugar a golf con los jefazos todos los fines de semana, pero en cambio no le invade ese sentimiento de euforia, se ha equivocado de sueño.

Los sueños necesitan una base temporal. ¿Está pensando en un año o bien en tres, cinco o diez? Tiene que ser lo bastante distante como para que se convierta en una especie de estrella que nos guía, pero nunca tan lejano que parezca inalcanzable. Uno se preguntará entonces cuán realista hay que ser. Pero, por otro lado, ¿quién está en condiciones de decir si algo es «realista» o no? Quizá sea mejor planteárselo desde la perspectiva de si nos parece o no realizable, a pesar de que a simple vista no se vean con claridad todos los pasos que se tengan que dar. Sabrá que ha dado en el blanco cuando tenga la impresión de que se trata de un sueño «acertado». Es importante valorarlo detenidamente y proyectarse hacia el futuro como si el sueño se hubiese hecho ya realidad: cómo se sentirá, cómo será, qué hará y qué dirá. Haga que esa escena mental cobre vida en la imaginación para analizar exactamente cómo se siente.

Una vez le haya infundido vida a ese sueño personal, es el momento de considerar cómo llegar hasta él. Hay personas que parten de un punto y van avanzando paso a paso, mientras que otras necesitan haber recreado previamente ese sueño en su imaginación para entonces ir desandando mentalmente el camino y saber por dónde empezar. Aunque no pueda delimitar una ruta exacta, seguro que algunos pasos se le aparecen con claridad. Es tiempo, pues, de trazar un plan. Una vez tenga claro el sueño y sepa cómo llegar a él, verá cuántas ideas le vienen a la mente. A veces se dan circunstancias inesperadas y el sueño se amplía o cambia de dirección, pero en cualquier caso siempre le permitirá disfrutar de una actitud positiva ante la vida, inspirándole a la hora de desarrollar todo su verdadero potencial.

DESEO DE PROGRESAR

Hay al menos una razón que le induce a leer en estos momentos este libro: su interés por introducir en su vida toda una serie de cambios fundamentales y duraderos encaminados a liberar el estrés de su cuerpo y su mente y, en definitiva, a hacerle sentir más libre y en condiciones de ser más feliz y realizarse en la vida. Una actitud como ésta no sólo permite cambiar a mejor, sino que además, gracias a las técnicas que se sugieren a lo largo de estas páginas, es absolutamente realista.

Algunas personas prefieren ir introduciendo esos cambios a largo plazo paso a paso, empezando por ejemplo por hacer ejercicio (*véanse* págs. 60-61), practicando luego la meditación (*véase* pág. 57) y más tarde continuando con alguna terapia táctil (*véanse* págs. 62-65). De esta manera se van introduciendo y asimilando paulatinamente los cambios. Otros, en cambio, prefieren tomarse un tiempo para ir asimilando diferentes ideas, luego trazar un plan de actuación y, por último, ponerlo en práctica. ¿Con qué enfoque se identifica más?

Introducir cambios a largo plazo requiere concentración y voluntad. Todos sabemos cómo reaccionamos muchas veces ante algo nuevo: nos interesamos, lo probamos, pero en cuanto nos asalta el estrés volvemos al sistema de siempre y acabamos sin fuerzas. Hágase la promesa de no repetirlo a partir de ahora. Si por alguna circunstancia nos apeamos del camino alguna vez, dése margen pero pregúntese qué es lo que ha fallado. ¿Tal vez la programación o es que ha cambiado el orden de prioridades? Si es el caso, ¿por qué? ¿Qué es eso que a simple vista parece más importante? Decida cómo puede evitar situaciones similares en el futuro y demuestre con este giro que es usted quien manda sobre su vida.

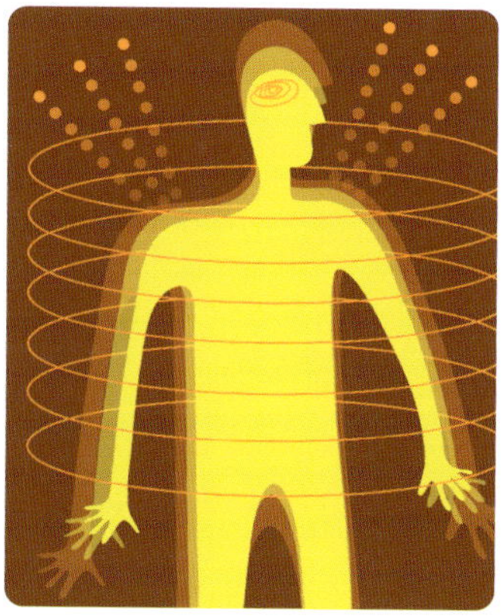

EJERCICIO PRÁCTICO 12

Planificar el bienestar

Tómese el tiempo necesario para realizar este ejercicio, ya que una buena planificación es la base de cualquier éxito.

1. Siéntese en un lugar tranquilo y ponga por escrito los motivos por los que desea progresar en su vida.

2. A la luz de lo que ha aprendido hasta ahora de este libro, haga una lista con los elementos que cree que necesita para dejar a un lado el estrés y ser feliz en la vida. Considere:

   - *ejercicios de relajación o meditación*
   - *ejercicio físico*
   - *terapias táctiles como el masaje*
   - *comer más sano*
   - *encontrar un equilibrio entre el trabajo, la vida familiar y la vida social*

3. Decida si cree mejor ir introduciendo todos esos elementos paso a paso o bien trazar un plan que los incluya a todos desde un principio.

4. Sea realista a la hora de programarse. Reserve con antelación las clases o sesiones y realice los preparativos necesarios.

5. Comprométase de verdad y antes convénzase de la importancia de los cambios propuestos y hágalos realidad. Manténgase motivado, desarrolle nuevas pautas e interiorícelas.

6. Lleve un pequeño diario para tomar consciencia de sus progresos. Empiece anotando las razones por las que desea progresar. Al releerlo, verá cómo ha avanzado.

capítulo 4

PROBLEMAS COMUNES

En el trabajo, la gente suele tender a mostrar sus puntos fuertes y virtudes, cuando también tiene puntos débiles y carencias. Los compañeros están abiertos a compartir cierta información personal, pero junto a ella hay una serie de ansiedades ligadas al trabajo que tratan de ocultar. Así dan la impresión siempre de estar capacitados para todo. Sin embargo, muchos se sorprenderían si supieran cuántos compañeros de trabajo tienen sus mismas preocupaciones, porque todos nos empeñamos en disimular de la mejor manera que podemos.

En este capítulo abordaremos algunos de los problemas más habituales en el lugar de trabajo. Analizaremos cada uno de ellos con detalle, sus posibles causas, los sentimientos que generan y el modo de afrontarlos. Aprenderá diversas maneras realistas y eficaces de superar los problemas con ayuda de unos ejercicios de relajación, cada uno con su correspondiente símbolo en el margen (tan sólo los símbolos a todo color hacen referencia al problema concreto que en esos momentos se analiza). En la pág. 11 encontrará la guía de los diversos símbolos.

ME CUESTA TOMAR DECISIONES

La indecisión suele conducir a una especie de parálisis mental en que la claridad de ideas acaba perdiéndose tras un velo cada vez más impenetrable de niebla. Pero, por suerte, esa niebla se puede disipar tomando consciencia del problema y adoptando la estrategia más adecuada para superar ese miedo.

Lo primero que hay que hacer es preguntarse por qué cuesta tanto tomar una decisión. Casi siempre la causa es el miedo a afrontar los posibles efectos negativos que dicha decisión pueda tener sobre la empresa o la imagen de uno mismo. Esta ansiedad suele basarse en pensamientos del estilo: «Tengo que hacer las cosas bien o causaré muy mala impresión». Es hora, pues, de cambiar de mensaje: la única persona que nunca toma una decisión errónea es aquella que nunca toma decisiones. Acertar no es algo innato y quienes deciden acertadamente es porque han sabido aprender de los errores y seguir adelante.

Una vez haya tomado consciencia de los mensajes negativos que hay en su mente, tiene que tomarse el tiempo necesario para definir un proceso sólido y racional de toma de decisiones. De este modo, si sigue siempre una serie de principios básicos a la hora de tomar una decisión, sabrá al menos que todo cuanto decida habrá sido fruto de un sesudo ejercicio de reflexión. Con un poco de práctica el proceso acabará volviéndose automático, de manera que podrá decidir de un modo más rápido y natural (lógicamente, algunas decisiones llevan su tiempo, sobre todo aquellas que requieren documentarse).

Empiece este proceso de toma de decisiones definiendo exactamente la decisión que hay que tomar. Escríbala en forma de pregunta al inicio de una hoja en blanco (por ejemplo, «¿Cuántas unidades tengo que vender para alcanzar el objetivo marcado?») y analícela con detenimiento. ¿Qué información precisa para estar en condiciones de llegar a una conclusión? Reúna dicha información. ¿Cuáles son los objetivos de la decisión? ¿Qué esperan obtener de ella tanto usted como los demás? Por ejemplo, su objetivo podría ser llegar a la cifra de ventas anual, el de su inmediato superior conseguir que el personal de su departamento no se sobrecargue de trabajo y el del director general el de superar en diez mil unidades vendidas el objetivo inicial. Conviene ser consciente de que no siempre es posible cumplir con los objetivos de todo el mundo, pero al menos se estará en condiciones de tomar una decisión que logre obtener el mayor consenso posible. Clasifique los objetivos en «imperativos» y «deseables». Los primeros son requisitos que deben cumplirse de un modo u otro, como no bajar de 5.000 euros el precio por unidad o alcanzar la cifra de 10.000 unidades vendidas. Los segundos, en cambio, no son esenciales, pero sí positivos; clasifíquelos en orden de importancia.

A continuación, estudie el abanico de posibilidades de que dispone. Por ejemplo, tal vez pueda alcanzar el objetivo sin sobrecargar el departamento, pero podría llegar al listón de las 10.000 unidades si pudiese contratar a una persona más (¿qué sobrecoste representaría? ¿Compensaría?). Analice a fondo las diferentes opciones disponibles para ver si cumplen los criterios «imperativos» y descarte aquellas que no los cumplan. A continuación, haga lo propio con los criterios «deseables». Complete el análisis valorando qué opciones satisfacen ambos tipos de criterios. ¿Cuál de las decisiones posibles parece que dará mejor resultado? Usted es el experto, así que ¿cuál de ellas recomendaría como la mejor opción? ¡Felicidades, ha tomado una decisión!

ME CUESTA SER ASERTIVO

Hay personas a las que no les cuesta en absoluto ser asertivas, mientras que a otras realmente les cuesta mucho. Ninguna de ellas tiene la más remota idea de lo que se siente desde el otro bando. A aquellas personas a las que les cuesta ser asertivas suele serles difícil también imponerse sobre los demás, devolver al proveedor envíos defectuosos, reconocer que están desbordados de trabajo o exigir a alguien que rehaga un trabajo mal hecho. Me acuerdo del caso de un joven sumamente inteligente y competente que en un ejercicio de rol tenía que asumir el rol de una persona asertiva. Al principio le costaba muchísimo y en lugar de hablar con naturalidad y autoridad hablaba con un ridículo suspiro de voz apenas audible. Entonces, otra persona del grupo, a la que no le costaba nada ser asertiva, declaró sorprendida: «¡No lo entiendo! ¿Por qué no lo dice y punto?».

De hecho, a aquellos a los que nos cuesta ser asertivos hemos aprendido desde pequeños a sobrevalorar los sentimientos de los demás. Es

como si dentro de cada uno hubiera una vocecita que nos susurrara: «Sé amable, no está BIEN molestar a los demás». En realidad, lo que estamos haciendo es confundir hablar claro con ser agresivos, dos conceptos completamente diferentes.

Una persona que dice las cosas claras expresa abiertamente un deseo, una verdad o una opinión con la finalidad de que se le escuche; apuesta, pues, por una comunicación constructiva. En cambio, ser agresivo es otra cosa completamente diferente, pues quien habla con agresividad lo que pretende es atacar o fanfarronear con el único propósito de dominar; tiene que ver, pues, con hacerse con el poder y es totalmente legítimo acallar esa agresividad. Ser asertivo, en cambio, tiene que ver con expresar la verdad, algo que todo ser humano tiene derecho a hacer. En el trabajo, hay ocasiones en que reunir el coraje para hablar con claridad no sólo resulta apropiado, sino del todo necesario. ¿Cómo si no puede uno expresar sus ideas, exigir un mínimo de calidad, rectificar los malentendidos y defender lo que es correcto?

Si es consciente de que le cuesta hacerse oír, no se desanime, ya que puede superarlo. Para ello, empiece observando cómo se expresan los demás compañeros de trabajo cuando quieren ser asertivos: se levantan o se sientan bien rectos en la silla, miran a los ojos, abren la boca y por fin hablan. Aunque se expresen de un modo un tanto apasionado, hablan siempre con un tono de voz claro y límpido, sin rodeos, expresando exactamente aquello que quieren transmitir. No hay nada agresivo ni prepotente en su proceder, tan sólo son directos y sinceros.

A continuación, observe a aquellos a los que sí que les cuesta ser asertivos. A menudo reprimen lo que quieren decir, pero cuanto más intentan echarse atrás, tanto más se adueña de ellos una especie de volcán a punto de estallar. En eso, se aproxima un compañero de trabajo y le pregunta: «¿Qué le pasa hoy a fulanito? El ambiente en su despacho era tan tenso que se podía cortar con un cuchillo». Tarde o temprano, este tipo de personas acaba explotando, a menudo por una cuestión sin mayor trascendencia. No se trata, pues, de una actitud asertiva, sino más bien explosiva: no sólo dificulta la comunicación, sino que crea mal ambiente. Y lo triste es que todo se debe a la falta de asertividad.

Analicemos qué pasa cuando a uno le cuesta decir las cosas claramente. En un primer momento, nota cómo le asaltan frases del tipo «este informe no es lo bastante bueno» u «hoy no puedo quedarme porque es mi cumpleaños», pero lo que finalmente sale por la boca es «todavía le falta un poco, pero no te preocupes, lo acabaré» o «bueno, supongo que no pasará nada porque me quede una hora más...». Al echarse atrás lo único que se consigue es no ser sincero y sentirse rabioso con uno mismo.

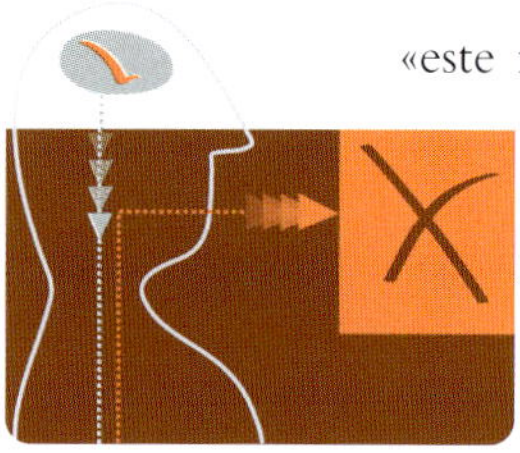

Intentemos visualizar mentalmente qué sucedería en esa misma situación si de repente, como por arte de magia, se decidiese a hablar claro y responder con las palabras que en el fondo quiere decir. Puede que sólo con imaginarlo ya empiece a sentirse incómodo, pero piense entonces en cuántas veces ha visto a un compañero pidiéndole a otro que rehaga un informe o diciendo «no» de una manera explícita. ¿Acaso alguien le odia por haber actuado de ese modo? Seguramente no. Es más, la gente suele tener buen concepto de las personas claras y coherentes.

Practique ahora el ejercicio de la página opuesta. La primera vez que lo intente, es posible que se sienta más que incómodo, pero no se desanime. Sepa gobernar sus sentimientos y hágase oír. Cuanto más practique, más fácil le será. Ser capaz de decir lo que piensa le permitirá sentirse más confiado y abierto a los nuevos retos que se le planteen.

EJERCICIO PRÁCTICO 13

Estimular la confianza en uno mismo

Cuando nos puede el miedo a hablar claro, la respiración se entrecorta, rehuimos el contacto visual y nos encerramos en nosotros. Familiarícese con este ejercicio para que cuando se halle en una situación parecida pueda seguir los siguientes pasos. ¡Funcionan!

1. Muévase. Tanto si está sentado como de pie, cambie de postura para así cobrar ánimos. Cuando se mueva, aparte la mirada de la persona a la que está hablando, inspire hondo y deje salir el aire (hacerlo le llevará tan sólo dos segundos; no tema desconcertar a su interlocutor, pues creerá que está reflexionando por unos instantes).

2. A continuación, inspire hondo de nuevo, fije la mirada en los ojos de su interlocutor y hable. Si necesita más tiempo para cobrar confianza, empiece con una fórmula que le permita ganar tiempo, como «no me acaba de convencer esto».

3. El interlocutor se dará cuenta de que tiene algo importante que decirle. Sin dejar de respirar y, armado del suficiente valor, diga lo que tenga que decir directamente, sin rodeos. Una vez lo haya dicho, espere.

4. No pretenda disculparse ni tampoco justificarse. Simplemente, no diga nada.

5. Si el interlocutor discrepa y cuestiona su postura, repita lo que le ha dicho. No se vuelva atrás ni deje tampoco de respirar lenta y pausadamente.

6. Fíjese las primeras veces que actúe de esta manera en que ser asertivo no sólo no es tan terrible como creía, sino que además le insufla ánimos y le hace sentir más fuerte. Cada vez que logre ser asertivo de este modo, celébrelo (en privado).

ME CUESTA HACERME ENTENDER

La comunicación efectiva es bidireccional. ¿Cuántas veces, al hablar con un compañero, de repente nos damos cuenta de que no escucha, sino que tan sólo está esperando el momento de dar su opinión? Imaginemos que al comunicar tuviésemos que recurrir a un walkie-talkie y sólo pudiéramos de «transmitir» o «recibir». Una buena conversación, por breve que sea, consiste en ambas cosas, es decir, en ella se transmite y se recibe. Esta situación no suele darse en la mayoría de las conversaciones intrascendentes que mantenemos en el trabajo, cuando, por ejemplo, dos compañeros tratan de convencerse mutuamente de algo que no comparten en absoluto al tiempo que lidian con el trabajo. De hecho, en esos casos lo único que se pretende es convencer al interlocutor de que está equivocado y retomar el trabajo.

Lo que sucede en tales casos es que tanto uno como el otro están en posición «transmitir». Se interrumpen continuamente, tan sólo piensan en sus respectivos puntos de vista, se critican mutuamente e intentan por todos los medios imponer su postura. Y si por casualidad a uno de los dos le cuesta ser asertivo, al final el «contrincante» acaba haciendo valer su opinión hasta imponerse. ¿Estamos ante una comunicación satisfactoria? En absoluto.

Detengámonos a analizar algunas de las posibles consecuencias de este tipo de intercambio. Se corre el riesgo de llegar a conclusiones equivocadas acerca de los motivos de la otra persona, de malinterpretarla al no prestar atención y, por tanto, de formarse una opinión a partir de tan sólo una parte de la información. Al criticar entonces su punto de vista sólo conseguimos irritarla y socavar su respeto hacia nosotros. Se pierde la colaboración y la complicidad, y sólo queda un sentimiento de frustración, enojo y tensión física debido a la incomunicación.

En cambio, escuchar de verdad es una habilidad tan escasa que cuando se emplea contribuye sobremanera a mejorar la calidad de la relación entre las dos partes que participan en la conversación al generar respeto, confianza y lealtad. Escuchar requiere toda una serie de habilidades que conviene ejercitar y desarrollar. Para empezar, implica que en los siguientes minutos se va a tomar la molestia conscientemente de hacer algo que vale la pena. Si el tiempo escasea, sugiera algo así como «Tan sólo dispongo de diez minutos, pero me gustaría que me explicaras...». Deje en suspenso sus propias opiniones; lo que de verdad importa es ahondar en lo que se quiere comunicar.

Escuche a su interlocutor sin interrumpirle. Respire lentamente y mantenga el contacto visual. No tema ser curioso. Si hay algo que no entiende, pregunte; si le interesa saber por qué su interlocutor no está de acuerdo en tal o cual cosa, siga preguntando. Repita el mensaje principal que su interlocutor le desea transmitir para, de ese modo, ase-

gurarse de que lo ha entendido bien; además, al hacerlo, su interlocutor se sentirá reconfortado al saberse escuchado. Usted también se sentirá tranquilo y animado, pues no en vano tiene nuevos temas sobre los que pensar y, aunque no comparta su punto de vista, al menos estará más informado.

Ahora bien, ¿qué pasa cuando el problema no está tanto en escuchar como en el modo en que se transmite lo que se quiere decir a los demás? Éste puede ser perfectamente el caso cuando las personas de nuestro entorno tienden a tener dificultades para entendernos, entienden mal o se impacientan. Para abordar el problema, empiece preguntando a un compañero en el que tenga confianza qué es lo que hace mal. Escuche atentamente la respuesta sin adoptar una actitud defensiva y luego tome nota de sus comentarios o sugerencias.

Es prácticamente imposible expresarse con claridad si se desconoce por qué es necesaria una determinada comunicación y qué se espera obtener de ella. Tenga siempre presentes cuáles son sus objetivos y sus expectativas, y articule la información a partir de ellos. De esa manera, reduce las posibilidades de acabar divagando o liándose y aumenta las de alcanzar los resultados esperados.

Si dispone de tiempo para preparar su intervención, tome nota de adónde desea llegar y por qué. Resuma los puntos más importantes y fundaméntelos si es preciso con datos, cifras u opiniones. Pregunte a su interlocutor si precisa que le aclare algún punto (si está dando instrucciones, pida que le repita lo que espera de él). Si se siente más cómodo expresándose por escrito, ofrezca una copia de sus notas al interlocutor para asegurarse de que todo queda claro.

EJERCICIO PRÁCTICO 14

Aprender a tener una actitud receptiva

Escuchar requiere práctica. No obstante, vale la pena ejercitar esta capacidad tan importante, puesto que puede mejorar las relaciones y la productividad en el trabajo.

1. No desaproveche la oportunidad de escuchar atentamente a un compañero de trabajo para mejorar la relación con él y estar más informado, especialmente cuando, durante la conversación, note que empieza a ponerse nervioso.

2. Deje de lado su punto de vista: de lo que se trata ahora es de reunir información. Invierta parte de su tiempo en esta tarea.

3. No haga nada mientras escucha a su compañero. Préstele toda su atención y demuéstreselo con el lenguaje corporal al mirarle a los ojos. Con ello, lo que está haciendo es transmitirle un mensaje tan contundente como positivo: «Me interesa y entiendo lo que me estás diciendo».

4. No interrumpa, comente o termine las frases de su compañero. Si hay algo que no le queda claro, pídale que se explique con más detalle hasta que sepa qué es lo que realmente está intentándole decir.

5. Resuma los puntos de vista repitiéndoselos a su compañero. Si lo ha entendido todo correctamente, verá cómo su interlocutor asiente con la cabeza y se relaja.

6. Si necesita tiempo para reflexionar, dígaselo y agradézcale cuanto le haya dicho. Entonces pregúntese: ¿Qué he aprendido? ¿Cómo me siento? ¿En qué medida han cambiado las cosas?

ME CUESTA ACEPTAR LAS CRÍTICAS

A nadie le gusta que le critiquen y es probable, asimismo que pocas sean las personas a las que les guste criticar, excepto que necesitan poner en evidencia a los demás para sentirse a gusto consigo mismas. Las críticas pueden convertirse en motivo de discusión, herir nuestros sentimientos o hacernos enfadar si creemos que están injustificadas. Pero hay que hacerse a la idea de que sufrir de vez en cuando las críticas de alguien de nuestro entorno forma parte de nuestra vida laboral.

Una crítica no es más que la opinión de alguien sobre nosotros, nuestros hechos o nuestro comportamiento. Con ella, esa persona muestra su desaprobación por el modo en que hemos actuado o nos hemos comportado y nos lo hace saber. Según cómo se transmita dicha crítica, la podemos recibir como una aportación constructiva y válida o como un ataque injustificado. En este segundo caso, nuestra reacción inicial suele ser adoptar una actitud a la defensiva, y o bien nos retiramos y nos mortificamos, o nos enfrentamos intentando defender nuestra posición.

No olvide nunca que una crítica no es más que la opinión de otra persona y, según como nos la hagan saber, puede contener información que conviene escuchar atentamente. No debe, o al menos no debería, entenderse como un ataque a nuestra validez como persona, así que en la medida de lo posible intente distanciarse del aspecto emocional y escuche con interés. ¿Qué le están queriendo decir? ¿En qué medida difiere de la idea que usted tiene? ¿Aporta luz sobre un aspecto de su persona que le había pasado desapercibido hasta la fecha? ¿Puede entender el motivo de la crítica?

Intente no canalizar la crítica como un ataque personal, sino como una oportunidad de aprendizaje de la que sacar un resultado positivo.

EJERCICIO PRÁCTICO 15

Aprender a sacar partido de las críticas

La próxima vez que alguien le critique en el trabajo, intente distanciarse de la crítica para no sentirse herido o enfadarse y propóngase sacar algo positivo de la misma.

1. Cuando le critican, lo más probable es que reaccione tanto física como emocionalmente. Así, la respiración se volverá más entrecortada y rápida y el organismo empezará a liberar adrenalina mientras asiste a lo que sin duda es un golpe para usted. Puede adoptar una actitud a la defensiva, desconcertarse o enfadarse. Observe sus propias reacciones, pero sin dejarse arrastrar por ellas, y respire hondo.

2. Un ataque personal nunca está justificado, pero una crítica constructiva es algo muy distinto y puede ser de gran ayuda. Escuche con atención y fíjese en qué consiste exactamente la crítica. ¿Algo que (según su interlocutor) ha hecho mal? ¿Cómo podría haberlo hecho mejor, según él? ¿Cómo querría que hiciese las cosas en adelante?

3. Tómese cierto tiempo para reflexionar. Agradezca a su interlocutor los comentarios y pregúntele todo cuanto no le haya quedado claro. Dígale que le gustaría pensar sobre lo que le acaba de decir y que más adelante intentará ofrecerle alguna solución. Resérvese un tiempo en la agenda para ello.

4. Reflexione sobre lo que le han dicho. Recuerde que esa crítica puede haberle llevado a emprender el viaje del cambio (*véanse* págs. 46-47). ¿Qué cosas puede sacar en limpio? Defina qué lección se propone aprender del encuentro. Si cree firmemente que cierto aspecto de la crítica es injustificado, piense cómo podría rebatirlo, pero sin rechazar la opinión del otro. Tal vez acierte a ver las cosas desde otra perspectiva y logre llegar a una conclusión aceptable para todos.

ME CUESTA EXPRESAR MIS SENTIMIENTOS EN EL TRABAJO

¿Es usted de los que creen firmemente que las personas deberían mostrar en el trabajo tan sólo su faceta más racional y responsable y dejar los sentimientos en casa? ¿Se horroriza ante la sola idea de decir algo con sinceridad en el trabajo? Cuando ve a un compañero que lo está pasando mal, ¿le entran ganas de desaparecer? Si es así, no es el único.

Llegados a este punto, deténgase un momento para meditar sobre las limitaciones que está poniendo al desarrollo de su potencial. Y es que, por muy racional que se sea, uno también tiene sentimientos en el trabajo, es inevitable. ¿Qué decir de la euforia que siente ante un éxito o la decepción ante un fracaso? ¿Y qué del aburrimiento, la ilusión o la rabia que se apodera de usted cuando ve algo injusto o poco ético? Los sentimientos forman parte del trabajo e ignorarlos tan sólo sirve para sentir estrés y reducir la eficacia.

Los grandes líderes no se valen sólo de su intelecto racional, sino también de las emociones, el alma, la pasión y la intuición. Piense en todas aquellas situaciones en que hay que mostrar cierta pasión, como cuando hay que convencer al personal de un departamento para que alcance los objetivos marcados y rinda al máximo de sus posibilidades. Para conseguirlo tiene que estar inspirado, y la inspiración no sólo surge ante un reto, sino cuando se cree en alguien, se le respeta y se le anima, mensajes todos ellos que nacen del corazón, no del intelecto. Así, ¿qué hacer para animar a un equipo que acaba de sufrir un fuerte revés? Lo más probable es que tengan plena consciencia de qué es lo que ha fallado; lo que realmente necesitan es que alguien les entienda, anime y ayude a poner las cosas en su sitio para, de ese modo, seguir hacia delante. En estos casos interviene el corazón, pues la lógica no basta por sí sola.

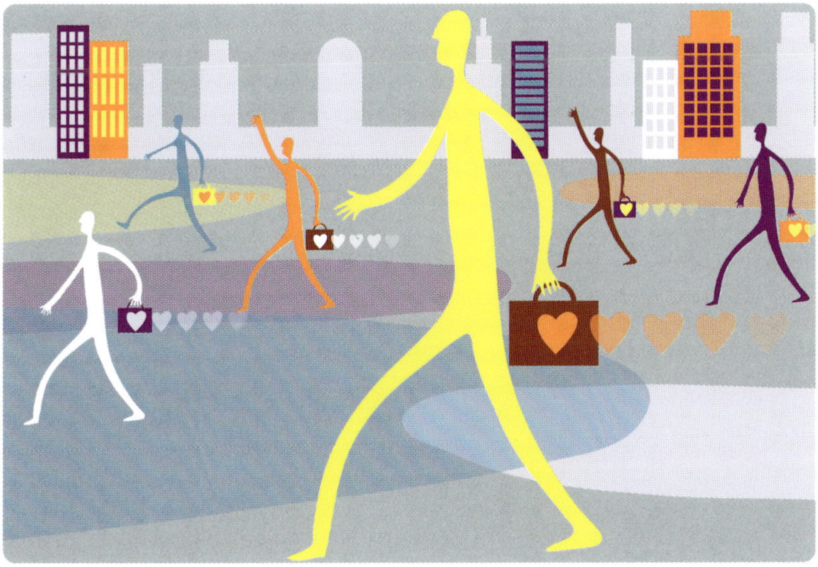

¿Qué hacer entonces para que el corazón empiece a intervenir en el trabajo? La respuesta no es otra que aprovechar cualquier oportunidad que se le presente, por pequeña que sea, para mejorar las relaciones con los compañeros poco a poco. Por ejemplo, puede empezar saludando a todo el mundo con un cálido «buenos días» y dando las gracias a su equipo de colaboradores. Asimismo, puede cambiar su actitud a la hora de escuchar a los demás (*véanse* págs. 98-101), aunque sin duda alguna una de las maneras más efectivas consiste en hablar más con su gente, mostrar más interés hacia ellos comentando temas informales que no tengan nada que ver con el trabajo, como por ejemplo: «¿Cómo fue la operación de su mujer?» o «¿Qué tal el torneo de tenis de este fin de semana?». Por otro lado, hay que estar dispuesto a soltar también un poco de uno mismo en señal de confianza y verá qué cambios se producen al relacionarse con otros seres humanos y mostrar la complejidad de sus sentimientos. Como me dijo en una ocasión un directivo, «Ahora funcionamos mejor como equipo. Empiezo a entender a la gente sobre la que ejerzo mi liderazgo».

ME CUESTA ORGANIZARME

«Si el día tuviera tan sólo dos o tres horas más...», me decía un día un jefe de proyecto, «mis problemas desaparecerían. Es que no doy abasto con todo lo que tengo que hacer». La verdad es que no exageraba,

pues trabajaba incluso por las noches y los fines de semana. De hecho, por muchas horas más que hubiera tenido libres las habría pasado trabajando, porque su problema era que no sabía organizarse. Confundía completamente estar atareado con ser eficaz, lo que en última instancia significaba que muchas veces estaba liado con el asunto más urgente en vez del más importante.

Si cree que con una mejor organización del tiempo podría mejorar notablemente su vida laboral, empiece analizando cómo se estructura el trabajo en las dos siguientes semanas y responda a las siguientes preguntas: ¿tiende a ocuparse del asunto que corre más prisa en lugar de planificar todo con antelación? Cuando planifica el trabajo, ¿tarda más o menos de lo que en un princi pio había programado? ¿Le interrumpen con demasiada frecuencia? ¿Cuánto tiempo dedica al día a labores rutinarias? ¿Cabría la posibilidad de delegarlas? ¿En qué momento del día trabaja mejor? ¿Dónde falla, pues? Recoja por escrito las respuestas a estas preguntas todos los días; de manera que, al cabo de las dos semanas, estará en condiciones de ver dónde cojea a la hora de organizarse. A veces uno se lleva auténticas sorpresas. Tal fue el caso del jefe de proyecto antes mencionado, que me comentó: «Jamás me hubiera podido imaginar cuántas veces me interrumpen a lo largo del día con llamadas, reuniones improvisadas o asuntos que bien podría haber delegado. ¡Nunca más!».

Si se siente identificado con él, no se preocupe: la situación tiene fácil arreglo siempre y cuando esté dispuesto a introducir en su día a día en el trabajo conceptos como planificación, claridad de ideas y perseverancia. Las pautas que se sugieren bajo estas líneas resultan de gran utilidad, así que intente ponerlas en práctica durante un mes entero y verá cómo después ya no deseará volver a la improvisación de antes. Para convertirse en un perfecto gestor de su tiempo:

• Planifique el horario un día antes o incluso con una semana de antelación. Aproveche los primeros minutos de la mañana para hacer una lista con las prioridades del día, con cuidado de priorizarlas en función de su importancia y no de su urgencia.

• Aborde primero las cuestiones más peliagudas en lugar de dejarlas para el final. Para ello, respire hondo y póngase manos a la obra. Al hacerlo así, asumirá los problemas y se sentirá más aliviado.

• Los objetivos tienen que ser siempre claros, atractivos y realistas. A la hora de planificar un nuevo proyecto o tarea, divídalo en etapas asequibles y determine cómo hay que evaluar los progresos que se vayan realizando. Póngase de acuerdo con los otros departamentos implicados, consulte con otros compañeros o su superior, marque unos plazos conjuntos alcanzables y contemple las contingencias que puedan suscitarse (hasta la mejor planificación se puede venir abajo por motivos imprevisibles).

• No tema decir «no» cuando haya de hacerlo. Sea directo, educado y firme (*véanse* págs. 94-97 sobre cómo ser asertivo).

• Evite o limite en lo posible las interrupciones, y todo aquello que le haga perder tiempo o desvíe su atención.

• Aprenda a delegar y confiar en los demás (*véanse* págs. 124-127).

NO SOPORTO QUE ME INTERRUMPAN CONSTANTEMENTE

El día empieza como otro cualquiera: e-mails y correspondencia para responder, un informe por redactar, una propuesta que terminar de perfilar, varias reuniones... Pero las cosas no marchan según lo planeado. La causa: una interrupción tras otra. Apenas ha empezado una tarea cuando alguien llama a la puerta, suena el teléfono o surgen imprevistos, con lo que gran parte del día se lo pasa intentando centrarse y al final no consigue acabar nada. Se ha demostrado mediante estudios que el motivo que más exaspera al directivo moderno son las constantes interrupciones. Como me dijo en una ocasión un director de márketing, «A veces uno llega al extremo de querer colgar un cartel en la puerta que diga "FUERA!", cerrar con llave y ponerse tapones en los oídos. Así a lo mejor podría sacar adelante algo del trabajo que tengo».

¿Por qué sacan tanto de quicio las interrupciones? En realidad, son dos las razones básicas. La primera es que nos hemos creado una imagen mental de cómo distribuirnos el tiempo, con una idea clara de lo que queremos hacer. En otras palabras, nos hemos marcado un listón para ese día o esa semana, y el hecho de que nos interrumpan continuamente representa que todo acabe saliendo de un modo diferente a lo previsto y, por tanto, ese desfase entre lo que uno esperaba y la realidad hace que tengamos la impresión de haber fracasado. La otra razón es que las interrupciones socavan ese placer tan humano que es la satisfacción de completar un trabajo, por modesto que sea.

Si alguna vez necesita realmente que no le interrumpan tendrá que tomar cartas en el asunto. Acuerde con sus compañeros que en esos casos puntuales utilizará una señal para dar a entender que no quiere que se le interrumpa, como por ejemplo cerrar la puerta del despacho, llevar puestos unos auriculares o, como hacía un joven directivo en tecnologías de la información cada vez que tenía trabajar en un complejo sistema de programación, colocar una banderita roja encima del ordenador, con el mensaje implícito de «Por favor, vuelve más tarde». Un buen punto intermedio consiste en cerrar uno o un par de asuntos importantes antes de ponerse a disposición de los otros, ya que de ese modo se sentirá más aliviado y satisfecho.

De hecho, si tiene a su cargo un equipo de varias personas, pregúntese si sus consultas son verdaderamente interrupciones. ¿Podría ser tal vez que estén requiriendo de su liderazgo? Si asume el hecho de que las interrupciones forman parte de su rol (si es el caso) y se planifica en consecuencia no le provocarán esa sensación de frustración. Contemple, pues, cierto tiempo para dichas interrupciones en el transcurso de su jornada. No tienen por qué ser unas horas determinadas, sino, pongamos, dos horas al día que sabe de antemano que empleará en tratar asuntos imprevistos.

Otra posibilidad es trabajar con un horario flexible que permita sacar adelante las acumulaciones de trabajo. Por ejemplo, conozco el caso de un ingeniero civil que en lugar de quedarse hasta tarde, entra a trabajar muy pronto un par de días a la semana para tener buena parte del trabajo acabado cuando lleguen el resto de sus compañeros. A otros les da buen resultado trabajar desde casa un día a la semana, pero eso sólo es posible hacerlo si se dispone de la tranquilidad y el aislamiento necesarios.

ESTOY DESBORDADO

En una ocasión, un directivo me estaba explicando hasta qué punto se hallaba desbordado por el trabajo cuando de repente se sorprendió a sí mismo (y a mí también) reconociendo: «Sabes, no me importaría que me atropellaran o algo por el estilo; nada grave, sólo una pierna rota... Así tendría que tomar unas semanas de descanso».

Cuando uno está desbordado por el trabajo y no se trata de una situación pasajera, es necesario actuar. Recuerde que una presión crónica de este tipo acaba perjudicando la salud. Lo primero que tiene que hacer es analizar la situación. ¿Cómo ha llegado a estar tan desbordado por el trabajo? Por ejemplo, ¿dice «no» cuando tiene que decirlo? Si no es el caso, tal vez le cuesta ser asertivo (*véanse* págs. 94-97) ¿O es porque quiere demostrar a sus superiores que tiene una enorme capacidad de trabajo? ¿O quizá porque piensa que es el único que puede hacer dicho trabajo? Lo cierto es que si por casualidad se acabara rompiendo una pierna, alguien lo haría por usted o tal vez no, pero en cualquier caso la vida seguiría adelante. Y es que no hay nadie que sea imprescindible.

Tómese, pues, un poco de tiempo para cobrar verdadera consciencia de cómo responde cuando se encuentra desbordado por el trabajo. Fíjese en cómo reacciona la mente y cómo piensa (*véanse* págs. 34-43), así como en la reacción del cuerpo (*véanse* págs. 30-33). Una vez sea consciente de los síntomas que comporta el exceso de trabajo, le será más fácil reconocer cuándo empieza a estar desbordado de nuevo y entonces estará en condiciones de intervenir antes de que la situación vaya a peor.

El siguiente paso consiste en analizar la situación con su superior. Si se resiste a hacerlo por miedo a que sepa que es humano y como tal puede desbordarle el trabajo, deténgase por unos instantes a reflexionar al respecto. ¿Cómo podemos esperar que los demás nos respeten y nos valoren si no nos valoramos y no nos respetamos a nosotros mismos? No tenga miedo, pues, de abordar el asunto. No adopte la más mínima actitud defensiva, simplemente aténgase a los hechos y demuestre de una forma objetiva que tiene más trabajo a su cargo del que una persona, por más trabajadora que sea, podría sacar adelante. Si cree que enfocarlo de esta manera puede sonar negativo, sugiera alguna solución, llegue a un acuerdo sobre las prioridades y las estrategias más adecuadas y fije otra reunión para el mes siguiente para analizar el estado de la cuestión.

Por otro lado, cuando uno se encuentra superado por el trabajo, lo más probable es que se resienta también su equilibrio vital. Después de pactar una salida realista con su superior, propóngase también hallar la manera de mejorar su calidad de vida. El ejercicio práctico 9 de la pág. 75 le ayudará a conseguirlo. Si se queda a trabajar hasta muy tarde cada noche, pare en seco. Simplemente, deje de hacerlo, y en el transcurso del siguiente mes trabaje de un modo razonable. Acuérdese de la necesidad de delegar y deje de buscar la perfección: se puede hacer muy bien el trabajo de otra manera. Al principio, lo más probable es que el organismo, que habrá estado en situación de alerta roja desde quién sabe cuánto tiempo, le enviará al cerebro mensajes de ansiedad tales como «¡Te estás equivocando! ¿Estás seguro de que haces lo correcto?». Introduzca en su día a día, pues, ejercicios adecuados que le ayuden a reequilibrar su vida.

ME CUESTA CONCILIAR TRABAJO Y FAMILIA

Encontrar un equilibrio entre las exigencias del trabajo y las obligaciones de la vida familiar, no siempre resulta fácil y uno acaba teniendo siempre un sentimiento de culpabilidad, haga lo que haga. Esto es cierto tanto para hombres como para mujeres. Resulta conmovedor escuchar cómo un hombre (o mujer) de negocios que tiene que trabajar horas y más horas y encima viajar como parte de su trabajo se lamenta, a veces con una nota de culpabilidad, por llegar a casa tan tarde o pasar tanto tiempo fuera de ella, y acaba reconociendo que esas largas ausencias forman parte de un trabajo que, precisamente, sirve para mantener a la familia.

Aun sin tener que viajar, la jornada en el trabajo es hoy en día tan exigente que al llegar a casa lo único que se quiere es desconectar y relajarse, pero si se tienen hijos es preciso dedicarles las pocas fuerzas que le quedan a uno a intentar ser un buen padre. Muchos intentan sobrellevarlo de la mejor manera que pueden, pero lo cierto es que no resulta nada fácil. Y si es duro en el caso de los hombres, aún lo puede ser más en el de las mujeres. Diversos estudios realizados con parejas que trabajan todo el día fuera de casa han demostrado que, por lo general, es la mujer la que acaba asumiendo la mayor parte de las tareas domésticas y el cuidado de los hijos.

¿Por qué permitimos que el trabajo condicione de tal modo nuestra vida en familia? La respuesta es, tal vez, que a muchos de nosotros nos han educado con la idea de que hay que triunfar y ser los mejores, pero esa educación ha pasado por alto cuestiones tales como la salud o el buscar un equilibrio en la vida. O tal vez es que nos damos cuenta demasiado tarde de hasta dónde hemos llegado. En cualquier caso, la presión emocional que supone tener tantas cosas rondando en la cabeza suele acabar siendo implacable. Y lo seguirá siendo a no ser que hagamos algo por impedirlo.

Pasar por alto las necesidades de la vida misma exige por parte de cada uno de nosotros una seria reflexión. Para poder definir mejor el plan de actuación, escriba una lista con todos aquellos factores de presión en el trabajo que inciden en la vida familiar. Por ejemplo: ¿trabajar los fines de semana implica que su pareja asuma la mayor parte de las tareas domésticas?, ¿trabajar hasta tan tarde está poniendo en peligro su relación? A continuación, ordénelos en función de la angustia que le produzcan. Empezando por aquel que más le preocupa, intente encontrar una solución imaginativa para cada agente estresante. Por ejemplo, si tiene que asistir cada cierto tiempo a reuniones escolares, ¿puede pactar un horario flexible para esos días concretos?

Cuando haya acabado, repase la lista e intente sacar conclusiones. ¿Es cuestión de organizar mejor el tiempo (*véanse* págs. 106-107)? ¿Podrían aplicar una única solución a varios problemas, como por ejemplo un horario más flexible? ¿Tendría que decir «no» a su superior más a menudo, cuando intenta cargarle con más trabajo (*véanse* págs. 94-97)? ¿Podría delegar más (*véanse* págs. 124-127)? ¿Se sentiría menos estresado si organizase mejor su vida (*véanse* págs. 76-79 y 128-129), desde los archivadores hasta la colada?

Muchas veces, la diferencia entre una vida estresante orientada por entero al trabajo y una más equilibrada en la que estar en familia tenga el respeto y la consideración que se merece, radica en introducir dos o tres cambios modestos pero significativos. Como cualquier buen jefe que se precie reconocerá que se rinde más en el trabajo cuando se disfruta de una vida más feliz, más sana y menos estresante.

NO SE ME RECONOCE LO SUFICIENTE

El grado de autonomía con el que uno se encuentra a gusto varía de una persona a otra. Así, hay quienes se sienten más seguros con unos objetivos perfectamente establecidos y teniendo a alguien que les supervise, quizá por su inexperiencia o bien porque no confían lo suficiente en su propio criterio. En cambio, los miembros experimentados de un equipo de trabajo, con la suficiente competencia y seguridad en sí mismos, no sólo no necesitan que nadie esté encima de ellos, sino que después de las explicaciones iniciales oportunas lo que desean y esperan es poder valerse de su propio juicio y tomar ellos mismos las decisiones.

Si se identifica con esta segunda situación, sabrá de sobras que el hecho de que un superior no le conceda el suficiente margen de maniobra puede resultar enormemente desmotivador. Es como si no confiara en nuestro criterio y, de repente, se nos esfumaran las ganas y el entusiasmo por el trabajo.

Obviamente, no hay que permitir que esto ocurra. La relación que uno tiene con su superior determina en gran medida la capacidad de rendir adecuadamente y desarrollarse de forma profesional. De hecho, se trata probablemente de la relación más importante en el trabajo.

Cuando un superior no suelta demasiado las riendas puede deberse a varios motivos. Quizá no se ha percatado de que a usted le gustaría disfrutar de una mayor autonomía (es posible que adopte esa estrategia porque en el pasado le ha dado buenos resultados) o bien teme que no sea capaz de cumplir satisfactoriamente con lo que le ha encomendado (ello no significa que ponga en tela de juicio su capacidad; quizá se haya visto defraudado anteriormente).

Puede ser también que tema que las cosas no salgan bien y quedar en evidencia o que sencillamente tan sólo se sienta seguro llevando la batuta en solitario. Antes de hablar con su superior, piense en su mutua relación. ¿Qué aspectos van bien? ¿Cabría la posibilidad de potenciarlos? Si tiene la impresión de que las reticencias de su superior a concederle más margen de maniobra se deben a cierta intranquilidad por los resultados, piense en el modo de transmitirle más confianza. Por ejemplo, ¿tiene claro realmente cuáles son los objetivos de su superior? ¿De qué manera puede ayudarle a alcanzarlos? ¿Cuáles son sus prioridades? Si concede mucha importancia a, pongamos, la atención al cliente, conviértala usted también en una de sus prioridades y procure que los hechos no demuestren lo contrario.

A continuación, hable con su superior. Explíquele que se siente desmotivado al carecer de margen de confianza. Déjele bien claro que le gustan los retos y que le encantaría poder demostrarle hasta dónde es capaz de llegar. Propóngale una serie de reuniones para supervisar los progresos realizados para que de esa manera disponga de la información necesaria y esté tranquilo. Asegúrese de que quedan claras las responsabilidades de cada uno y no dé por concluida la reunión hasta que no se hayan delimitado las decisiones que está autorizado para tomar: las necesarias tras consultar, por cuenta propia pero informando inmediatamente, o por cuenta propia sin necesidad de informar. Si va consultando e informando periódicamente, lo más probable es que su superior acabe dándole más autonomía con el tiempo, a medida que vaya teniendo más confianza en usted.

NO SE ME CONSULTA NUNCA

Después de haber dado a luz, una brillante directora de contabilidad se reincorporó al trabajo a jornada reducida (por maternidad) llena de ilusión y ganas. Tras retomar sus funciones sin mayor problema, se encontró de repente con un cambio tan inesperado como desagradable. «Como ahora trabajo menos horas», se lamentaba, «ya no se me consulta para nada. Todas las decisiones se toman en mi ausencia, lo que supongo que hasta cierto punto tiene su explicación, pero lo peor de todo es que nadie se toma la molestia de informarme, por lo que casi siempre me acabo enterando por pura casualidad. Ya no me tienen en cuenta como antes...».

El hecho de que no nos consulten las cosas hace que nos sintamos ignorados e incluso humillados. Si está acostumbrado a que lo tengan en cuenta, puede llegar a sentirse frustrado y enfadado a un mismo tiempo, ya que es como si le estuvieran diciendo «tu opinión ya no tiene importancia, no nos preocupa lo que pienses o dejes de pensar». Y si, encima, no se tiene desarrollado un alto sentido de la autoestima, uno puede llegar a creer que tal vez es que verdaderamente no da la talla. Si alguna vez se encuentra con que no le han consultado tal o cual asunto, es importante no dejar que los fantasmas interiores se apoderen de uno. Es el momento de recurrir al yo más racional y tratar de entender cuáles han sido los motivos por los que no se le ha tenido en cuenta.

Una posibilidad es sencillamente que no estuviera presente en el momento de tomarse la decisión, como cuando se tiene una reducción de jornada, se está visitando a los clientes o se trabaja desde casa. Ninguna de estas circunstancias justifica que no se le haya tenido en cuenta, pero puede ocurrir. Los compañeros pueden estar tan ocupados en sus responsabilidades que descuiden los canales de comunicación.

Otra explicación posible es que tal vez no sean conscientes de que tiene algo que aportar, sobre todo si es nuevo en el departamento o tiende a escuchar más que a hablar. En ocasiones, un responsable puede excluir deliberadamente a un miembro del equipo del proceso de toma de decisiones porque intenta llevar el asunto a su manera.

Una vez haya averiguado por qué cree que no se le ha consultado ya puede pasar a la acción. Pero no se dirija a los compañeros que ostenten un cargo similar al suyo, pues de poco serviría; hable con quien verdaderamente pueda volver las aguas a su cauce. Evite utilizar un tono agresivo o resentido, ya que al hacerlo transmitirá una gran carga de negatividad; limítese a señalar que no se le ha consultado y lo desmotivador que ha sido para usted. Entonces, sugiera alguna idea positiva para demostrar que sus aportaciones pueden ser tan relevantes como valiosas.

Si se encuentra a menudo fuera de la oficina, busque con sus compañeros un modo de mantener el contacto en el que todos estén de acuerdo. Si, sencillamente, le han relegado a un segundo plano, deje bien claro que le gustaría poder contribuir con su opinión, que se considera más que capacitado para hacerlo, y demuéstrelo con ejemplos. Transmita a los demás la imagen de una persona interesante y positiva con la que vale la pena contar a la hora de tomar las decisiones.

Una vez haya sentado las nuevas bases o se haya hecho valer, ponga todo su empeño en dotar de sentido a cuantos cambios positivos vayan produciéndose. Haga que a sus compañeros les compense consultarle, de esa manera su opinión se tendrá siempre en cuenta.

NADIE SE PREOCUPA POR MÍ NI INTENTA AYUDARME

Soportar una presión prolongada requiere una gran capacidad de autodominio y, desde luego, sentirse solo o incomprendido no ayuda. Y es que hasta la persona más fuerte necesita contar con un buen apoyo. Si tiene la sensación de que nadie se preocupa por usted o intenta ayudarlo, hay que intentar ponerle remedio.

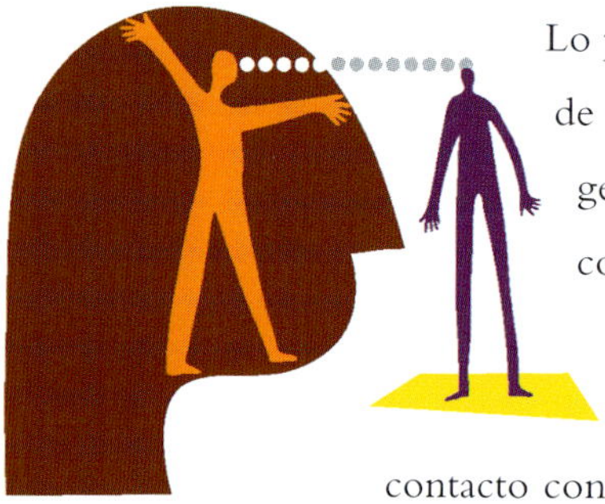

Lo primero que hay que hacer es determinar si esa sensación de soledad no es producto de la propia incapacidad para gestionar el estrés. Realice varias veces el ejercicio práctico 4 (*véase* pág. 43) para cobrar consciencia del rumbo que suele tomar su mente. ¿Puede ser que la ansiedad le lleve a intentar hacerlo todo usted mismo? ¿Suele rehuir el contacto con los demás cuando está bajo situaciones de extrema presión? De hecho muchas personas reaccionan así y se crean ellas mismas ese sentimiento de soledad. Recuerde que el mejor modo de gestionar el estrés es no aislándose de los demás.

Si cree firmemente que se merece contar con más apoyo, tiene que reclamarlo de un modo claro y objetivo. Evite a toda costa presentarse como una víctima, ya que la gente tiende a echarse atrás al escuchar el primer «pobre de mí»: ya tienen sus propios problemas. Un superior eficaz es aquel que tiene en cuenta el bienestar de las personas a su cargo y la correcta consecución de los objetivos marcados, así que en principio estará dispuesto a prestarle el apoyo necesario.

Responda a las siguientes preguntas: ¿necesita realmente que le presten ayuda? ¿Tendría alguien que hacer más por usted? ¿Hay alguien entre cuyas atribuciones esté la de demostrar interés por sus preocupaciones y ofrecerle todo su apoyo, y no lo está haciendo? ¿O es que no hay nadie con dichas atribuciones?

Al margen de todo, resulta de gran ayuda aclarar primero un poco las ideas y concretar en qué ha de consistir dicho apoyo. Aborde la cuestión como si se tratase de un proyecto modesto pero vital que requiere un resultado positivo. Elabore una lista que especifique lo que en su opinión le sería de ayuda, en qué circunstancias y con qué frecuencia. Concrete con hechos y asegúrese de que no suene a autocompasión. Incluya asimismo una estimación de lo que aumentaría su eficacia o productividad en caso de contar con ese apoyo.

A continuación, analice quién tiene que escuchar esa petición de ayuda y, quizá más importante aún, quién está en posición de hacer algo al respecto. Concierte una reunión con dicha persona para tratar la cuestión. Si la persona a la que se dirige es la misma que ha de ofrecerle consejo o ayuda, no caiga en la tentación de edulcorar el mensaje por temor a parecer demasiado crítico, pero tampoco adopte un tono inculpatorio. Sencillamente, sea franco y cíñase a los hechos, ya que de ese modo la persona que le atienda no se lo tomará como algo personal y adoptará una actitud más favorable.

Puede darse el caso de que dicha persona no se haya percatado de la situación, tal como sucedió con una jefa de proyectos que tenía tal capacidad de trabajo que el director del departamento le iba dando más y más trabajo, hasta que llegó un punto en que el volumen era tal que prudentemente decidió hablarlo con su superior; le dijo que, si no quería que renunciase a alguno de los proyectos que llevaba sin ayuda de nadie, tenía que alargar los plazos. Cuando el director se dio cuenta de la enorme cantidad de trabajo que le había ido encomendando, se quedó boquiabierto y al punto le alivió la carga hasta hacerla razonable.

NO ESTOY MOTIVADO

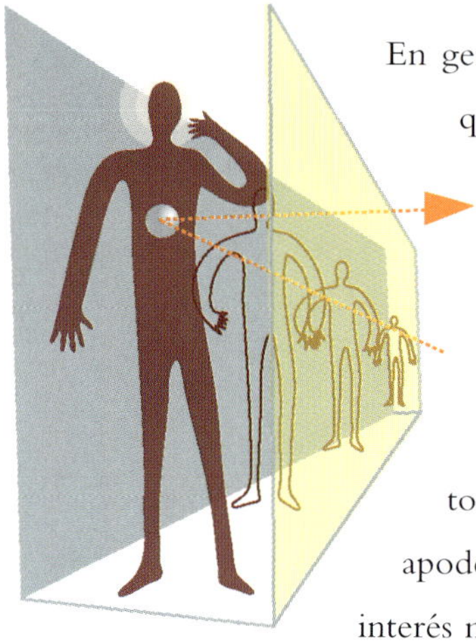

En general, la desmotivación es un proceso lento y paulatino que se va adueñando de uno sigilosamente. Los días y las semanas pasan como quien no quiere la cosa y el trabajo es tan monótono que uno podría hacerlo hasta con los ojos cerrados. En realidad, no se puede decir que haya algo que vaya mal; de hecho, saber siempre lo que hay que hacer proporciona cierto sentimiento de tranquilidad. No obstante, con el tiempo se acaba apoderando de uno un desasosiego originado por no tener interés ni ilusión en el trabajo, que progresivamente se convierte en un profundo sentimiento de aburrimiento y frustración.

La única persona que puede cambiar la situación es usted mismo, así que una vez se dé cuenta de que está empezando a perder interés por el trabajo, deténgase a reflexionar sobre cómo ha llegado a dicha situación, cómo puede salir, si existe otro puesto al que podría aspirar o si cabe la posibilidad de desarrollar el que ya ocupa. Cuando se encuentre preparado, hable con su superior, ya que tal vez no se haya percatado de que está desmotivado. Muéstrese positivo y entusiasta con la idea de evolucionar en su trabajo y deje asimismo bien claro que lo que desea es sentirse motivado en él. A menudo, este ímpetu basta para provocar una mejora de la situación.

Pero si cree que necesita un cambio importante, adopte una actitud radical. Recoja por escrito las habilidades y la experiencia que posee y a partir de ellas pregúntese qué clase de reto le devolvería la ilusión y qué tendría que hacer para que se hiciese realidad (*véase* ejercicio práctico 16, pág. 12). Dar un nuevo rumbo a su vida implica un viaje del cambio (*véanse* págs. 46-47), así que cuídese para disponer de la energía suficiente y afrontar una trayectoria profesional más motivadora.

EJERCICIO PRÁCTICO 16

¿Dónde quiero llegar?

Cuando se esta desmotivado, suele dar buenos resultados tomarse cierto tiempo para analizar qué es lo que uno desea realmente, ya que ello le proporcionará un nuevo horizonte y la ilusión necesaria para alcanzarlo.

1. Piense qué es lo que realmente le importa. Haga dos listas interrelacionadas, una de «Necesidades», que comprenda todo, desde las necesidades elementales, como el dinero o un lugar donde vivir, a las personales, como la necesidad de realizarse, de ser autónomo, de ser creativo, etcétera, y otra de «Valores», donde anote todo aquello que personalmente le importe para llevar una vida coherente con sus principios éticos. Tómese el tiempo necesario (días si es preciso) para completar las listas, que serán los fundamentos de su nuevo horizonte.

2. Cuando haya completado las listas, fije un plazo para alcanzar dicho horizonte, que bien puede ser un año como cinco o incluso diez años. A continuación, siéntese en un lugar tranquilo, cierre los ojos y deje volar la imaginación: «Si tuviera una varita mágica, me gustaría estar así [...] dentro de tantos años». No sea demasiado racional. Quédese con la idea que más le ilusione e imagínese que se ha hecho realidad; analice cómo se siente y se comporta, qué aspecto tiene, etcétera.

3. Vuelva al presente y defina paso a paso la estrategia que le permitirá alcanzar ese horizonte. Por ejemplo, si se ve como director de la empresa en, pongamos, cinco años, concrete los diferentes puestos por los que debe pasar antes de ver cumplido su sueño.

4. ¡Dé el primer paso ya!

NO SÉ QUÉ SE ESPERA DE MÍ

En ocasiones nos encontramos con que se espera de nosotros que ejecutemos correctamente un trabajo sin que nos hayan explicado bien cómo llevarlo a cabo. Imaginemos el caso de un responsable al que acababan de trasladar a un nuevo departamento, cambio que sin duda constituía todo un reconocimiento. Pero durante las dos primeras semanas en el puesto su nueva jefa estuvo ausente, por lo que tuvo que arreglárselas como pudo. Las siguientes semanas fueron frenéticas, pero para su sorpresa no llegó a tener nunca un encuentro con su superior para que le pusiera al corriente de sus nuevas responsabilidades. Al cabo de unos cuantos meses se lamentaba diciendo: «Lo ridículo del caso es que no tengo ni idea de qué es lo que realmente espera mi jefa de mí. Voy a tientas...». Es evidente que la solución más sencilla habría sido preguntarle directamente, pero lo cierto es que después de tanto tiempo le resultaba muy incómodo hacerlo. Entonces decidió adoptar una estrategia diferente: concertaría una reunión con su jefa para hablar de los proyectos futuros del departamento y, de paso, tener la oportunidad de preguntarle si le parecían adecuadas sus propuestas; de no ser así, su jefa estaría en disposición de corregirle y mostrarle el modo de proceder.

La lección que podemos sacar de esta situación es evidente: cuando se está en un contexto nuevo, la prioridad más inmediata es lograr que nos indiquen qué es lo que realmente se espera de nosotros. Y si las cosas cambian, pregunte hasta que le haya quedado todo claro. Ningún responsable debería poner objeciones a que le pregunte; de hecho, él tendría que ser el primero en preocuparse de informarle bien, pero a veces, cuando uno está muy familiarizado con una forma de trabajar tiende a olvidar el desconcierto de los recién llegados. No tema pare-

cer incompetente por hacer muchas preguntas los primeros días, pues en realidad se trata de la actitud más inteligente al afrontar una situación nueva.

Una alternativa en aquellos casos en que no parezca haber una respuesta clara a lo que se espera de uno es salirse de la actitud de «niño que espera órdenes» y decidir por uno mismo qué hacer y por qué. Considere detenidamente todos los factores y defina un plan a partir de la información de que pueda disponer. Es evidente, sin embargo, que no se puede actuar en solitario, sino que hay que tomar las decisiones teniendo en cuenta a las demás partes implicadas para de ese modo llegar a un consenso y asegurarse de que no se ha quedado nada en el tintero. Elija bien en quién deposita su confianza y desconfíe de aquellos que puedan sacar partido de sus errores.

En el caso hipotético de que sepa en qué consiste su cometido pero desconozca los objetivos o el volumen de trabajo que debe asumir, tome una vez más la iniciativa. Es evidente que lo que quiere es que el trabajo salga bien e impresionar a sus superiores, pero a falta de instrucciones precisas, recuerde que es una persona adulta competente capaz de decidir por sí sola qué rendimiento le parece el más apropiado. Si pregunta «¿Hasta dónde tengo que llegar?», se encontrará con que la mayoría de los superiores no pueden evitar responder «más alto», a no ser que hayan aprendido a preocuparse por las necesidades de las personas a su cargo. Así pues, utilice el sentido común y márquese un listón realista que le permita sentirse orgulloso de su trabajo.

ME CUESTA DELEGAR

¿Es usted un perfeccionista, es decir, una persona que analiza minuciosamente hasta el más mínimo detalle de un proyecto hasta dejarlo inmaculado? Si es el caso, sepa que con el tiempo tal vez acabe teniendo que hacer frente a un problema, en concreto cuando el tiempo se le eche encima y se vea en la necesidad de delegar; descubrirá que le resulta sumamente difícil confiar en el buen hacer de otros.

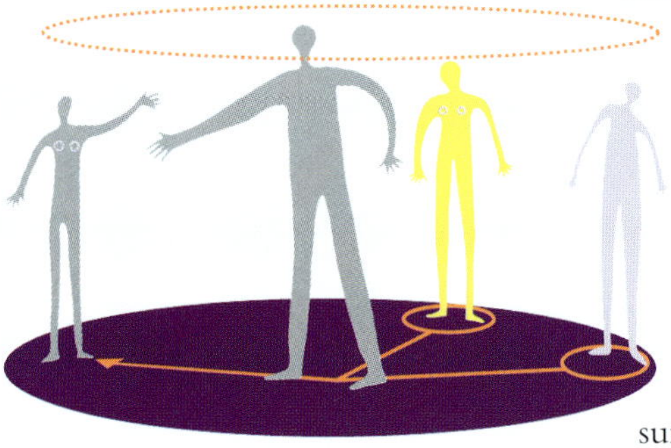

Se trata, sin duda alguna, de una limitación que hay que aprender a superar, ya que de lo contrario tan sólo conseguiremos agotarnos y desmotivar a nuestro equipo, como le sucedió a una persona sumamente responsable y competente que se quejaba de que su superior fuera incapaz de delegar: «No confía en mí para acabar los proyectos a tiempo. No deja de controlar y revisar cuanto hago, y me hace sentir como si tuviera diez años». La ansiedad de su superior había acabado convirtiéndole en una persona quisquillosa e insoportable. Y es que las personas capaces y competentes pueden acabar sintiéndose molestas e incluso ofendidas si no se confía en ellas y en su capacidad para hacer bien el trabajo.

Si le cuesta delegar, conviene empezar reconociendo que el problema que subyace en el fondo no es otro sino el miedo al error. En algún punto de su viaje vital ha asumido la idea de que el error no es asumible y que por tanto hay que hacer todo lo posible para evitarlo. A nadie le gusta equivocarse, pero todos nos equivocamos de vez en cuando; lo importante es aprender de los errores y seguir adelante.

Ser capaz de delegar hoy es una competencia absolutamente imprescindible para cualquier puesto de responsabilidad, así que haga un análisis realista. Piense si ha habido en el pasado alguien que haya dado pruebas de que no se puede confiar en él y, si es así, no le delegue nada. Después de haber descartado a aquellos que no merezcan su confianza hay que definir cómo delegar en aquellos que sí la tienen.

Si sabe de alguien que delega sin problema alguno, pregúntele cómo consigue hacerlo. Recuerde que ese miedo al error es uno de los elementos que debe considerar a la hora de definir el mejor modo de delegar. Pero hasta que no se haya acostumbrado a delegar, marque unos plazos generosos, de manera que si sus peores temores se vuelven realidad, tendrá tiempo aún de enderezar la situación. Resulta siempre aconsejable reservarse cierto margen a la hora de planificar, pero no infravalore a sus compañeros, quienes a buen seguro serán los primeros en querer alcanzar los objetivos. No piense que el único interesado en que salga bien el trabajo es usted...

Considere, asimismo, la posibilidad de poner las cartas sobre la mesa ante su equipo. Dígales que necesita confiar en ellos y que nunca le ha resultado fácil delegar responsabilidades. Consiga que se comprometan firmemente a cumplir los plazos que se hayan marcado. Hágales saber también que quiere que le informen periódicamente sobre los progresos realizados y muestre su reconocimiento cuando lo hagan. Y después, que cada uno realice su trabajo.

Proceder de este modo le creará desasosiego y tensión y no podrá dejar de preguntarse continuamente: «¿Qué pasará si...?». Sentirá un deseo irreprimible de comprobar cómo van las cosas, pero no caiga en la tentación de hacerlo, ya que sería contraproducente para su proceso de autoaprendizaje. Cuando todo vaya bien o incluso mejor de lo esperado, sentirá un enorme alivio; descubrirá la satisfacción que comporta el hecho de trabajar con un equipo de personas competentes.

NO PUEDO CONFIAR EN NADIE

Si le cuesta delegar (*véanse* págs. 124-125), probablemente sea porque le resulta difícil confiar en la gente que le rodea. Para poder hacerlo, es importante convencerse de que son personas competentes y sinceras que merecen confianza y no le defraudarán. Pero si de verdad cree que no puede confiar en ellos, está dando por supuesto que no son gente de fiar, que son falsos o perezosos... Podría ser verdad, pero es improbable.

Así pues, si por lo general le cuesta confiar en sus compañeros de trabajo, es importante averiguar por qué. ¿Le resulta difícil confiar en la gente en general? ¿Le desagrada delegar porque prefiere tenerlo todo bajo control, o bien es víctima del razonamiento «no puedo confiar en nadie. Si quiero que algo salga bien, tengo que hacerlo yo mismo»? En este caso, se ha puesto el listón muy alto y le resultará inaceptable que los demás no estén a la misma altura. Pero si se queda con ese sentimiento de frustración y rabia, lo único que conseguirá es aislarse y alienar a sus compañeros de trabajo.

Nadie que forme parte de un equipo puede trabajar en solitario. Si, por ejemplo, está redactando un informe en el que participan varias personas, confiar en su aportación forma parte del proceso mismo de trabajo en equipo. Sepa confiar en los demás y apreciar su indudable competencia profesional. Obviamente, si alguien le presenta unos resultados que no cumplen lo pactado, tiene todo el derecho del mundo a sentirse frustrado, pero en lugar de rehacer el trabajo usted mismo, muestre a esa persona dónde ha fallado. Haga una crítica constructiva y demuéstrele que confía en que rehará el trabajo de un modo satisfactorio.

EJERCICIO PRÁCTICO 17

Aprender a confiar en los demás

Trabajar en equipo forma parte de nuestra vida profesional, y no confiar nunca en los demás es la mejor fórmula para acabar abrumado y estresado por el trabajo. Siga estos pasos para descubrir la competencia y la profesionalidad de sus compañeros.

1. Trace sobre una hoja tantas columnas como miembros de su equipo de trabajo o personas tenga a su cargo y escriba arriba de cada una de ellas un nombre. Luego anote los puntos fuertes de cada una de esas personas y, una vez haya completado todas las columnas, haga lo mismo, pero en esta ocasión con los puntos débiles.

2. Céntrese en su trabajo y todo lo que tenga que ver con él. ¿Qué tareas no está en condiciones de confiar a ninguna otra persona? Ahora analice qué aspectos sí estaría dispuesto a delegar siempre y cuando la persona en cuestión le mantuviese convenientemente informado. Por último, anote las tareas que estaría dispuesto a delegar y que no requieran su participación.

3. Reflexione sobre cuanto haya sacado en claro en el paso anterior. Piense qué cualidades se precisan para acometer las tareas que estaría dispuesto a delegar. A continuación, consulte la lista con los puntos fuertes y débiles de su gente e intente asignar cada una de esas tareas a la persona más capacitada para asumirla. Por ejemplo, María, la responsable de ventas, estaría capacitada para llevar las reclamaciones de los clientes porque posee unas buenas dotes de comunicación...

4. Empiece delegando aquellas tareas que no precisen su aportación. Después delegue paulatinamente más y más para descargarle de trabajo, tener más tiempo para afrontar cualquier imprevisto que pueda surgir y, más importante aún, conseguir que su gente se sienta motivada.

MI MESA ES UN CAOS

¿Trabaja en medio del desorden? ¿Es de los que se excusan diciendo «Sé dónde está exactamente cada cosa. Puedo encontrar sin problema cualquier documento de entre este montón de papeles»? A veces puede tener la suerte de su parte y encontrar al momento ese documento importante que anda buscando, pero otras tendrá que remover cielo y tierra para dar con él, si es que no se ha perdido para siempre... ¿De verdad es necesario llegar a tales extremos?

Hay personas a las que les gusta trabajar en una mesa donde sólo hay papeles y más papeles que van amontonándose «sobre la marcha», de manera que los menos importantes o apremiantes van quedándose relegados a los bordes, hasta que un buen día acaban cayendo al suelo o van directamente a la papelera. Este sistema de trabajo dista mucho de ser óptimo, pues se corre el riesgo de que documentos importantes se traspapelen, se mezclen con otros intrascendentes o acaben en la papelera. Asimismo, para los demás resulta de lo más frustrante ver cómo el trabajo ya hecho acaba perdiéndose en un archivador.

¿Tiene alguna ventaja trabajar en medio del desorden? Para algunas personas, sencillamente es el modo en que han funcionado siempre y no saben lo que es el orden. Otras esgrimen (sin ser conscientes de ello) sus abarrotadas mesas como diciendo «mira qué ocupado estoy, así que no me des más trabajo por ahora». De todas maneras, hay que pararse a pensar realmente qué impresión se está transmitiendo a los demás. Para las personas ordenadas, una mesa sumida en el caos es la prueba inequívoca de una desorganización que poco dice en nuestro favor.

Así pues, si está interesado en llevar el orden al desorden, empiece haciendo una lista con las razones por las que no le gusta tener la mesa tan desordenada. Piense en lo poco que facilita el trabajo y trate de imaginar qué impresión causa en el resto de compañeros y superiores que suelen ser más ordenados.

A continuación, concédase todo el tiempo que necesite y dé inicio a una ambiciosa operación de limpieza. Clasifique o tire cada hoja de papel hasta no dejar ni una sola encima de la mesa. Si se da cuenta de que tiene un montón de papeles con asuntos «pendientes para ya», cree una carpeta provisional llamada «Para hoy» y, huelga decirlo, resuelva dichos asuntos a lo largo del día. Es probable que tenga que abrir otras carpetas, pero siempre con la finalidad de colocar cada papel en el lugar que le corresponda. Si el número de carpetas crece, hágase un croquis para saber dónde va cada cosa. Una vez ordenados los papeles, limpie la mesa, coloque un jarrón con flores o una fotografía que le guste y deléitese un momento contemplando su lugar de trabajo.

El objetivo ahora es conseguir mantener la mesa despejada en lo sucesivo. La verdad es que es más fácil decirlo que hacerlo, pues los viejos hábitos nos acechan, sobre todo cuando se está estresado. Por ello, tiene que mostrarse firme y riguroso consigo mismo. Recuerde que un hábito se adquiere con la práctica constante, y precisamente está intentando sustituir el viejo hábito del desorden por el nuevo del orden. Cuando caiga en sus manos un nuevo papel, no lo deje nunca para más tarde: clasifíquelo o tírelo. Sólo así llegará el día en que se pregunte cómo se las había podido arreglar antes con tanto desorden. Y lo digo por experiencia propia.

ME SIENTO DESBORDADO POR LOS E-MAILS

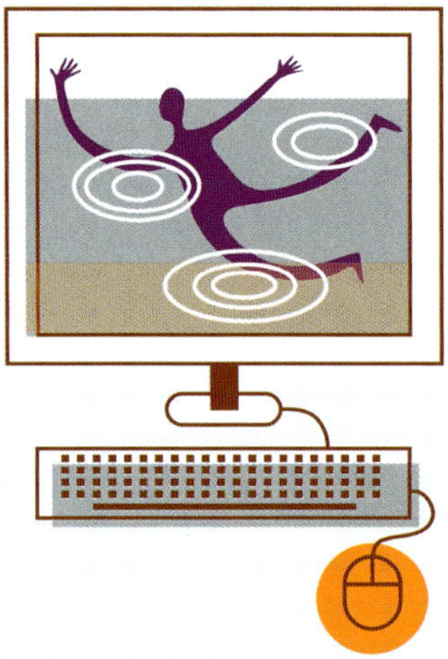

Los e-mails son una forma rápida y eficaz de enviar información, pero lo cierto es que para algunas personas han acabado convirtiéndose en un auténtico suplicio. Resulta curioso comprobar cómo en algunas empresas el volumen de e-mails recibidos se concibe como una medida de la virilidad, como si éstos proclamaran: «¡Mira qué importante soy que tanta gente quiere contactar conmigo!».

No obstante, si llega un punto en que se encuentra desbordado por la enorme cantidad de e-mails que recibe, hay que pasar a la acción. Si simplemente se limita a no contestarlos, el remitente se verá obligado a buscar el porqué: tal vez no le gustó lo que leyó, no responde aposta o a lo mejor no es más que un impresentable... Así pues, no responderlos no es la solución más acertada.

Le quedan dos opciones. Una es concederse el tiempo necesario para responderlos. Pero cuando uno dice «Voy a consultar los e-mails», parece que haya de ser algo inmediato, y lo cierto es que no lo es en absoluto. De hecho, lo único que tienen de rápido los e-mails es la velocidad a la que se pueden enviar, así que resérvese un tiempo generoso para consultarlos. Para evitar ahogarse en la «marea» de e-mails, es muy importante administrarlos convenientemente, ya sea guardándolos en la carpeta correspondiente, imprimiéndolos y clasificándolos, o bien borrándolos. Haga limpieza de forma periódica de los e-mails que ya haya consultado; esto sólo requiere un momento.

La otra opción consiste en propiciar un cambio. El e-mail es una forma limitada de comunicación ya que es unilateral y, por tanto, un formato estéril. Tenga presente que en un encuentro cara a cara, el ochenta por ciento de la comunicación discurre a un nivel no verbal. De todas las modalidades de comunicación de que disponemos (reuniones, conversaciones telefónicas, videoconferencias, mensajes de voz), el e-mail es la más pobre. Resulta muy útil para transmitir datos e información sencilla, pero bajo ningún concepto se debería utilizar para hacer crítica, pedir ideas, despedir a un empleado o cualquier intercambio que precise intervención humana directa.

Son pocas las empresas que han acordado un protocolo sobre el empleo de los e-mails. Si la suya no lo tiene, considere la opción de instaurar uno que pueda adoptar, si no toda la empresa, sí al menos su equipo de trabajo o departamento. Antes debe averiguar de un modo informal cómo ven sus compañeros el tema de los e-mails, ya que si ellos también están desbordados, su respuesta será muy favorable.

Un protocolo consensuado sobre el uso de los e-mails debería incluir, por ejemplo, los siguientes puntos: no enviar nunca un e-mail cuando lo más práctico sea tratar el asunto cara a cara o bien por teléfono; enviarlo sólo si se quiere que el destinatario haga algo concreto (y guardar una copia sólo si se quiere tener constancia del mensaje); buscar otros canales de comunicación, como un sistema de intranet para compartir la información o un tablón de anuncios, y por último mantener reuniones periódicamente para actualizar información y aclarar dudas en persona en vez de electrónicamente.

Es importante que todo el mundo esté de acuerdo en respetar ese protocolo, sobre todo durante el primer mes de funcionamiento, cuando aún no se ha asumido como un hábito. A medida que los diferentes puntos del protocolo se ponen en práctica, la calidad de la comunicación entre los miembros del equipo o del departamento mejorará notablemente.

ESTOY RODEADO DE GENTE INCOMPETENTE

Pocas cosas hay más frustrantes que trabajar con gente incompetente. Los motivos de dicha incompetencia pueden ser muy variados, como la falta de experiencia, la indecisión, la debilidad, la pereza, el absentismo, haberse equivocado de trabajo o quizás la relación con usted.

En tanto que directivo, tiene la responsabilidad de averiguar por qué una persona que está a su cargo es incompetente o ineficaz. Es preciso tratar de ver el modo en que puede superarse esa situación, qué se necesita para ello y cómo evaluar los progresos que se vayan realizando. La otra parte de la responsabilidad recae en la persona afectada.

Parta siempre del supuesto de que es posible mejorar la situación e intente mejorar el rendimiento de esa persona hasta hacer de ella un valioso colaborador. Hay que ser constante y llevar un registro de la formación y las reuniones mantenidas por si en última instancia no queda más remedio que despedirlo.

Lo primero que hay que hacer es hablar con esa persona en privado y sin prisas. No espere a que tenga lugar la periódica evaluación del rendimiento e intervenga tan pronto como perciba síntomas de que algo no funciona bien. Haga ver a esa persona cómo, desde su punto de vista, su rendimiento es insatisfactorio, y déjele bien claro que está dispuesto a ofrecerle todo su apoyo para enderezar la situación. A continuación, escuche la otra versión de la historia. No le interrumpa, considere cuanto le pueda decir como información importante e intente llegar a la raíz del problema. Si éste parece residir en la relación con usted, intente averiguar qué es lo que no acaba de funcionar. Si el problema estriba en la falta de experiencia, ofrecer formación y apoyo personal suele dar muy buenos resultados. Si le cuesta tomar decisiones o su

comunicación es deficiente hay que proporcionarle apoyo a más largo plazo (en ese sentido, los consejos de las págs. 92-93 y 94-97 pueden resultar de gran ayuda). Si se trata de un problema de pereza o de absentismo, intente ver qué hay detrás de dichas actitudes y, una vez hayan identificado el problema conjuntamente, lleguen a un acuerdo para superarlo. Explique a su interlocutor qué progresos espera de él y cómo tiene previsto controlarlos. De igual modo, esa persona tendría que comunicarle sus logros en una serie de reuniones acordadas por ambos para analizar su evolución. Disponga lo necesario para ayudarle a mejorar, como cursos de formación o asistencia personalizada, y mantenga esta ayuda hasta que el rendimiento sea satisfactorio. Si la situación deja mucho que desear, tiene que dejar bien claro que a no ser que se produzca una notable mejora en el rendimiento tendrá que prescindir de él. Evite utilizar un tono agresivo y controle sus sentimientos; muéstrese comprensivo, pero firme y claro.

No siempre es un miembro de su equipo el incompetente. Si el problema viene de arriba uno acaba sintiéndose impotente y frustrado, y a veces haciéndose cargo de un trabajo que no le corresponde. Si puede, intente delegar «hacia arriba», devolviendo a su superior el trabajo que debería estar haciendo o, mejor aún, no aceptándolo en primera instancia. Explíquele con determinación, pero sin perder los nervios, que no dispone de tiempo suficiente para asumir esas responsabilidades adicionales, y no hable mal a sus espaldas. Aproveche la entrevista de evaluación del rendimiento para hacerle saber a su superior cómo le gustaría que le dirigieran. Si la situación es insostenible, diríjase al director de recursos humanos y pregúntele cómo solucionar tan incómoda situación. Una vez más, no hable mal de su superior.

NO ME SIENTO A GUSTO EN LA EMPRESA

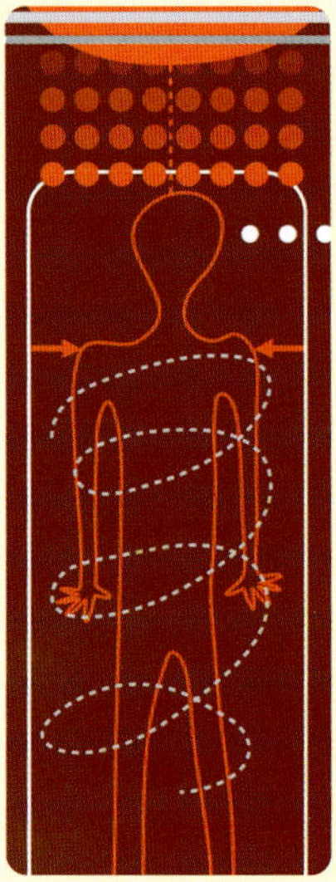

Si hay algo en la empresa que no acaba de hacerle sentir a gusto en ella, tiene tres opciones: dejarla (siempre como última opción); «ir tirando», esto es, optar por quedarse pero adoptar una actitud distante con respecto al trabajo (muy negativa y contraproducente), o bien intentar cambiar la situación (la solución positiva y enriquecedora).

Así pues, antes de pedir el finiquito, intente dilucidar qué es lo que realmente no le acaba de convencer de la empresa. ¿Se trata tal vez del modo en que está estructurada? Algunas compañías tienen un exceso de niveles intermedios que lo único que hace es que los empleados no tengan una idea clara de cómo funciona la empresa, lo que a su vez se traduce en un sentimiento de desmotivación y aislamiento. En las empresas más grandes, las personas que toman las decisiones y determinan los objetivos parecen encontrarse a otro nivel que nada tiene que ver con los problemas reales o los objetivos inmediatos de la mayoría de los empleados, lo que motiva confusión, resentimiento e incomodidad.

¿Ha crecido la empresa para la que trabaja a partir de unos inicios humildes? A menudo, durante el proceso de crecimiento nadie se toma la molestia de hacer un alto y redefinir la estructura de la empresa en consonancia con los nuevos tiempos, con lo que al final siempre acaban sobrando departamentos y faltando otros. Por ejemplo, es posible que no haya departamento de RR. HH. y que sea el de Contabilidad el que se haga cargo de los contratos, las nóminas y los gastos, mientras que las contrataciones, los despidos, la formación y las quejas y sugerencias quedan a cargo de los responsables de los departamentos, la mayoría de los cuales carecen del tiempo y la preparación necesarios para tratar esta clase de asuntos. ¿Tiene la sensación de que no existen unos procedimientos determinados para canalizar las quejas de carácter confidencial, tratar cuestiones como la formación, el rendimiento o el salario?

Una vez haya detectado el origen del problema es el momento de poner las cosas en su sitio con sus habilidades de comunicación, persuasión y conciliación. Trace una especie de esquema de las personas con las que tiene que ponerse en contacto y los canales de comunicación existentes para ello, tanto formales como informales. Destaque su propio ámbito de influencia. Pongamos, por ejemplo, que lo que le disgusta es que la persona que toma las decisiones acerca del trabajo de su equipo rara vez está disponible. La siguiente ocasión en la que tenga la oportunidad de hablar con esta persona, plantéele el problema y acuerde una reunión semanal o bien pregúntele quién podría asumir las decisiones en caso de que se hallase ausente. En su propia área de influencia, nada le impide crear las relaciones y procesos de trabajo que mejor le parezcan; de hecho, cuando los demás vean de qué manera tan eficaz funciona su departamento lo más probable es que el ejemplo cunda rápidamente.

Si la estructura de la empresa le hace sentirse aislado, infravalorado o ignorado, busque a alguien que pueda estar interesado en poner en marcha una circular informativa interna. Fomente la consciencia de grupo en su propio lugar de trabajo, por ejemplo organizando veladas o simples almuerzos. Si el problema va más allá de su área de influencia, no se desanime y transmita sus inquietudes a alguien que sí pueda hacer algo. Explíquele los problemas y sugiera posibles soluciones. Analice a fondo cada una de esas sugerencias, sobre todo si conllevan gastos. Si tiene la oportunidad, ofrézcase para asumir la responsabilidad de parte de esos cambios y de esa manera participará en primera persona en el proceso de mejora.

ME SIENTO ACOSADO

El acoso consiste en cualquier comportamiento no deseado e inoportuno, desde comentarios ofensivos hasta la violencia física, que hace que una persona se sienta ofendida o humillada. Se considera acoso cuando cualquier persona en su sano juicio reaccionaría del mismo modo a esa manifestación ofensiva; si está relacionada con el sexo o la orientación sexual, se habla de discriminación o acoso sexual, y si tiene que ver con la raza o el color de la piel, se trata de discriminación racial.

El acoso sexual puede presentarse de dos maneras: algo a cambio de algo, esto es, acceder a ciertas condiciones laborales (contratación, promoción o conservación del puesto) a cambio de favores sexuales, como por ejemplo «Acuéstate conmigo u olvídate del trabajo» y el llamado «entorno laboral hostil». Este último es propio también de la discriminación racial y consiste en palabras o hechos lo bastante ultrajantes como para afectar a las condiciones del trabajo de la víctima y crearle un entorno impracticable.

El acoso, tanto sexual como racial, no suele ser un hecho aislado. «Cuando me despertaba por las mañanas», confesaba una joven ejecutiva víctima de acoso sexual, «estaba tranquila durante un segundo o dos, pero tan pronto como me acordaba de lo que me esperaba en el trabajo tenía un subidón de adrenalina y se me quitaban las ganas hasta de desayunar». Se sentía enfadada con el agresor, pero también consigo misma por no ser capaz de plantarle cara.

Con el tiempo, la situación suele acabar afectando al propio sistema inmunológico, aumentando las probabilidades de enfermar, e incluso puede conducir a una depresión. En este caso, no nos encontramos ante una enfermedad mental, sino ante una «lesión psíquica».

El coste económico que supone para la empresa el acoso es muy elevado: aumento de accidentes, errores y bajas por enfermedad, disminución de la productividad, altos índices de rotación del personal y el consiguiente encarecimiento de los costes de selección de personal. Y es que, según calculan los expertos en recursos humanos, el coste de sustituir un empleado es de entre dos y tres veces el sueldo del mismo.

Las empresas tienen la obligación de proporcionar a sus empleados un entorno de trabajo donde no se sientan acosados ni discriminados. En ese sentido, deberían tener una política sobre acoso sexual, con procedimientos de ayuda y asesoramiento a la víctima y medidas disciplinarias y legales contra el agresor.

Si en alguna ocasión se siente discriminado o acosado, deje constancia, en la medida de lo posible, de dicho acoso y evite mantener encuentros cara a cara con la persona que le acosa. A continuación, tome cartas en el asunto y déjele claro al agresor que su conducta es inaceptable. No se reúna con él a solas para decírselo, ya que se expone a más abusos, y dígaselo verbalmente en presencia de una persona de su confianza o, mejor aún, refiéraselo por escrito al superior del agresor. Pero si la persona que lo acosa es su inmediato superior remita una copia del escrito al director general, así como al departamento de RR. HH. (en cualquier caso, asegúrese siempre de que este departamento esté perfectamente informado de quién le está acosando). No deje dudas sobre la naturaleza inequívoca del acoso y muestre en todo momento su absoluto rechazo al respecto. Sea valiente (la mayoría de las personas que sufren acoso creen que nadie las va a creer) y recuerde que su salud, su dignidad y su bienestar están en juego. Asimismo, tenga bien presente que el acoso y la discriminación no sólo son despreciables y ultrajantes, sino que además están castigados por la ley.

MI PUESTO CORRE PELIGRO

Nadie duda ya de que los trabajos para toda la vida son cosa del pasado. Por desgracia, el ritmo del mundo del trabajo es tan trepidante que nadie puede ya dar por seguro su puesto de trabajo. Partiendo de esta premisa, ¿qué puede hacer uno cuando siente que su puesto de trabajo corre peligro? Ante todo, ¡no ser presa del pánico! Es importante

saber gobernar la situación de la mejor manera posible. No se tome en serio los rumores que circulan por la oficina, ya que puede acabar preocupándose por comentarios sin fundamento. Tampoco las conversaciones pesimistas basadas en medias verdades llevan a ninguna parte, así que intente salir de dudas pidiéndole a su superior que le aclare la situación.

La preocupación ante la posible pérdida del puesto de trabajo puede llegar a ser insoportable, y si tiene a su cargo una familia ese sentimiento puede convertirse en miedo real e incluso rabia si la situación se considera injusta. Si cree que está empezando a padecer ansiedad o depresión, no trate de afrontarla usted solo. Hablar con las personas adecuadas y establecer un plan de acción le será de gran ayuda para asumir la situación. Además de hablar con su superior, comente la situación con su pareja o sus amistades e incluso con su asesor financiero.

En realidad, ¿qué se halla en peligro, usted o el puesto que ocupa? Si es lo primero, sin duda alguna habrá evaluaciones del rendimiento que tendrá que analizar: ¿está de acuerdo con ellas? ¿Ve fundamentadas las críticas? Analice por qué las cosas han llegado a ese punto y qué pasos debe dar para volver a estar en un terreno más firme. Y si lo que está en peligro es su puesto o el departamento entero, ¿cabe la posibilidad de reciclarse o asumir otro puesto para disfrutar de una posición más ventajosa? ¿Sería posible que lo trasladaran a otro departamento?

Y ahora prepárese, pues al final tal vez no haya más remedio que cambiar de trabajo. Recuerde que cambiar de trabajo representa una transformación importante en la vida de cualquier persona y que, le guste o no, se embarcará en el viaje del cambio. Estar preparado para afrontarlo le ayudará a reducir la ansiedad que conlleva.

Deberá preparar un currículum vitae impecable. Éste es mucho más que una mera relación de su trayectoria profesional; es una importante herramienta para venderse, así que tómese el tiempo y el interés necesarios para redactarlo. Si lo cree conveniente, busque el consejo de un profesional de los recursos humanos, tal como hizo una joven recién licenciada que había ocupado varios puestos de corta duración sin ninguna relación entre sí. Quería redactar un currículum vitae que le permitiese aspirar a formar parte del proceso de selección de un puesto que le interesaba, así que recurrió a un experto que le enseñó cómo redactar una presentación tan efectiva como rigurosa de sus diferentes capacidades. Recuerde que las empresas buscan gente nueva para cubrir puestos determinados, y su currículum vitae debería mostrar hasta qué punto ese puesto está hecho para usted.

Por otro lado, no deje de sondear el mercado laboral. Infórmese sobre las otras compañías del sector para disponer de una visión más amplia. ¿Podría asistir a algún curso que mejorara sus posibilidades? ¿Ha llegado el momento de emprender un nuevo rumbo en su trayectoria profesional? El teletrabajo es una alternativa; ¿se la había planteado? Y por encima de todo, sea siempre positivo y optimista. En estos casos es muy importante cuidar su bienestar para tener la energía necesaria para ir a por todas cuando surja esa oportunidad.

LA SOLEDAD DEL MANDO

Liderar un grupo de personas implica estar dispuesto a asumir en solitario el peso de la responsabilidad, afrontar tanto los buenos tiempos como los menos buenos. Tal como me comentó en una ocasión un líder experimentado, «Soy responsable de una barbaridad de cosas: el trabajo de mis empleados, sus sueldos, sus ascensos, sus familias y, en última instancia, hasta su bienestar depende de mis decisiones».

Una de las situaciones más difíciles por las que tiene que pasar todo líder es verse obligado a tomar una decisión difícil que cause descontento y resentimiento sin estar aurorizado a desvelar todos los porqués. Un día un líder muy brillante que rozaba la cincuentena reconoció: «Cuando busco dónde apoyarme, no siempre encuentro a alguien detrás de mí en quien poder hacerlo». Y es que el líder ocupa un cargo solitario.

En ocasiones hay que hacer frente a una situación de incertidumbre. A veces la opción más difícil, pero también la más constructiva, es esperar y dejarse «perder» por unos instantes sin llegar a ser presa del pánico (*véase* pág. 44). Este tipo de situaciones resultan potencialmente estresantes para cualquier persona, y más aún si de las decisiones dependen los trabajos y el bienestar de otras personas.

Los rigores del liderazgo tienden a hacer que estemos físicamente tensos. Por ello, para disfrutar de bienestar y una satisfactoria carrera de líder es muy importante ser consciente de los hábitos propios de pensamiento (*véanse* págs. 40-43), así como del modo en que se manifiesta esa tensión en el cuerpo (*véanse* págs. 30-33). Solamente así logrará estar al cien por cien en las situaciones difíciles sin perder el norte.

Asimismo, los buenos líderes tienen que establecer estructuras de apoyo adecuadas. Tomar las decisiones de acuerdo con un proceso riguroso y perfectamente definido puede ser de gran ayuda, sobre todo si son dolorosas o complejas; además, permite verificar la validez de las decisiones que se hayan tomado en un contexto de incertidumbre. Por otro lado, resulta de gran utilidad también tener presente que, por muy importante que uno sea, en el fondo no es más que una pequeña parte de un todo mucho más amplio.

Otra estructura de apoyo enormemente útil es disponer de alguna especie de mentor o consejero de absoluta confianza al que podamos consultar en tiempos de necesidad y que nos ayude a contrastar y enriquecer nuestras decisiones. El director de una compañía estadounidense me dijo en una ocasión que tanto él como otros altos cargos de empresas de otros sectores habían formado bastantes años atrás una especie de grupo de consulta con el propósito de aconsejarse mutuamente, y lo cierto es que les había dado excelentes resultados.

Es igualmente importante buscar un equilibrio vital (*véanse* págs. 72-75). Si llega a un punto en que se vive para trabajar, la amplitud de miras y la salud se resienten. En cambio, una vida personal llena de experiencias ricas e intensas contribuye al éxito del liderazgo y a proteger el bienestar. Y es que, en el fondo, desarrollar y llevar a la práctica estrategias antiestrés no es una opción, sino una necesidad y, además, resulta sumamente contagiosa.

capíitulo 5

SOLUCIONES RÁPIDAS

Todos los días vivimos en el trabajo situaciones mejores y peores que se traducen en toda una serie de emociones, desde la ilusión y la satisfacción hasta el aburrimiento y la frustración. Cuando pasamos por una temporada difícil, la tensión en nuestro organismo crece y crece hasta sumirnos en un estado de nerviosismo y fatiga. Por ello, resulta de gran ayuda tener a mano unas cuantas soluciones rápidas que nos permitan rebajar esa tensión física en cualquier momento para mantenernos relajados, tranquilos y productivos.

A lo largo de este capítulo se sugieren precisamente un buen número de dichas soluciones. Practíquelas en casa con el libro a mano y repítalas cuantas veces sea necesario hasta ser capaz de ejecutarlas de memoria. A continuación, empiece a incorporarlas al día a día del trabajo.

Una vez formen parte de su rutina diaria, verá cómo incluso al término de un mal día en vez de regresar a casa agotado y tenso lo hará sintiéndose tranquilo y relajado. Y es que todo son ventajas: no sólo no se llevará más el trabajo a casa por no poder desconectar, sino que además disfrutará de las energías suficientes para saborear su tiempo de ocio.

SEA SU PROPIO CONSEJERO

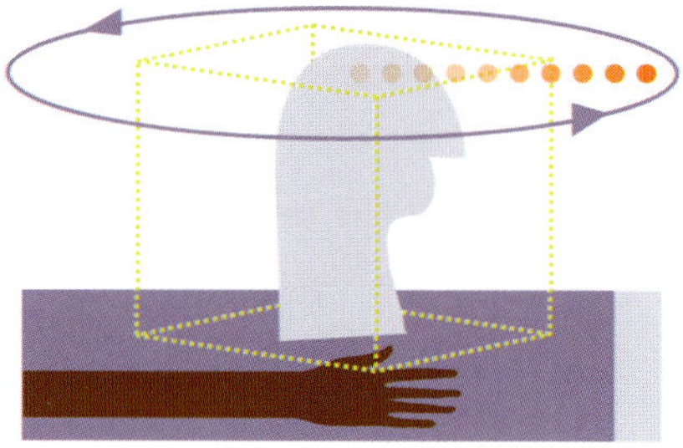

¿No sería fantástico que en situaciones de estrés pudiéramos tener a mano un consejero que apareciera como por arte de magia y nos ayudara a ver las cosas con claridad y buen criterio? Por desgracia, pocos pueden permitirse el lujo de contar con esa ayuda, pero no hay razón alguna por la que no podamos ser nosotros nuestros propios consejeros.

Una de las primeras cosas que le sugeriría un consejero es que cuidará de sí mismo. Así pues, cuando tenga que hacer frente a una situación estresante, lo primero es respirar hondo, ya que sus efectos tranquilizadores son inmediatos. A continuación, aborde la situación objetivamente. Si, por ejemplo, le resulta difícil relacionarse con un compañero de trabajo, recuerde que, aunque a veces no tenga esa sensación, los dos persiguen un mismo objetivo: el interés de la empresa. Por otro lado, los casos de fricción pueden deberse a diferencias de objetivo: por ejemplo, uno está intentando complacer al cliente y el otro pretende reducir los costes.

Proceda entonces a analizar por qué se siente estresado. Por ejemplo, puede deberse a la obsesión por cumplir un plazo determinado, de ahí que se presione a usted mismo y al resto de su equipo con tanto denuedo. Pero, de hecho, el condicionante que realmente provoca dicha sensación de estrés es que si no cumple dicho plazo tendrá la impresión de haber fracasado, y para usted un fracaso no es posible. Pero si lo ve en perspectiva y analiza la situación tal como lo haría el consejero podrá ver el contexto en que se enmarca. Vayan como vayan las cosas, convénzase de que está haciéndolo lo mejor que puede y sea comprensivo tanto con usted como con la gente que lo rodea.

ESTIRE LAS PIERNAS

En días estresantes, es fácil que el cuerpo se vaya cargando de tensión de un modo casi imperceptible. Los hombros, el cuello y los maxilares se agarrotan y la respiración se vuelve rápida y entrecortada, lo que provoca que el nivel de energía disponible se reduzca considerablemente y se pierda agilidad mental y creatividad.

Tan pronto como se dé cuenta de que está llegando a esa situación (*véanse* págs. 30-33), vaya a estirar las piernas. Si es posible, hágalo al aire libre, pero caminar por el pasillo también da buenos resultados. Mientras pasea, respire hondo y al espirar baje los hombros y relaje los maxilares.

A continuación dirija su atención a su propio interior. Analice sus sentimientos sin dejarse llevar por ellos y recuerde que, con independencia de lo estancadas o aceleradas que estén las cosas, todo evoluciona y cambia.

RESPIRE HONDO

¿Se ha fijado alguna vez en qué le pasa a su respiración cuando se encuentra enfadado, preocupado o frustrado? Lo más probable es que respire de un modo rápido y entrecortado. Forma parte del mecanismo de supresión de sentimientos que ponemos en marcha ante una situación difícil, como por ejemplo una reunión acalorada, cuando nos las vemos para contener nuestra exasperación. Otra de las situaciones en las que reducimos nuestra respiración al mínimo es cuando llevamos un rato concentrados en la pantalla del ordenador.

En este tipo de situaciones, respire hondo y a un ritmo pausado para rebajar rápidamente esa tensión y relajarse. Siéntese bien erguido y expulse el aire de los pulmones; a continuación, inspire lentamente e imagínese que está hinchando un globo que tiene en el vientre. Cuando ya no pueda inspirar más, espire soltando con el aire toda la tensión y la fatiga que haya acumulado. Practique la respiración honda con frecuencia, ya que tiene efectos revitalizadores inmediatos.

RELAJE LA TENSIÓN DEL CUELLO

Seguro que alguna vez ha visto a alguien que en medio de una reunión se pone de repente a hacer ese rápido movimiento giratorio con la cabeza. Pues no lo haga. Yo le propongo una manera mucho mejor de rebajar la tensión del cuello sin riesgo de lastimárselo.

Este ejercicio lleva tan sólo un par de minutos. Primero, imprima un ritmo pausado a su respiración e intente visualizar cómo en cada una de las espiraciones libera la tensión del cuello; tenga siempre presente esta imagen durante todo el ejercicio.

A continuación, centre toda su atención en el cuerpo. Deje que la cabeza caiga hacia adelante muy lentamente hasta que su peso estire suavemente la parte posterior del cuello (debería notar un ligero tirón entre los omoplatos). Poco a poco, suba la cabeza y, sin forzarla, inclínela hacia el hombro izquierdo hasta notar de nuevo ese tirón, pero sin hacer fuerza, tan sólo dejando que el propio peso de la cabeza estire el músculo. Tras devolver la cabeza a su posición central, espere unos segundos y proceda de nuevo a inclinar la cabeza, pero esta vez hacia el hombro derecho. Alce una vez más la cabeza, deje que caiga suavemente hacia atrás y, tras permanecer en esta posición durante unos segundos, relaje la mandíbula (si el cuello estaba tenso, lo más probable es que también lo estuviera la mandíbula).

Por último, levante de nuevo la cabeza hasta devolverla a su posición central. En principio, debería notarse mucho más relajado. Mantenga relajada la mandíbula y concluya el ejercicio con una inspiración larga y profunda.

DESENTUMEZCA LOS HOMBROS

Fíjese por un momento en cómo está sentado en este mismo instante, mientras lee estas líneas. Dirija su atención a la mitad superior del cuerpo. ¿Tiene los hombros muy arriba, casi a la altura de las orejas? Todos tendemos a acumular tensión en la parte superior de los hombros, así como en el cuello, la mandíbula, los ojos y la cabeza (¿quién se extraña, pues, de que a los laboratorios que comercializan pastillas contra el dolor de cabeza les vaya tan bien el negocio?). Este pequeño ejercicio resulta ideal para desentumecer los músculos de los hombros. No se precisa más que un minuto para realizarlo correctamente, pero vale la pena hacerlo bien.

Compruebe si tiene los hombros muy tensos. Respire hondo con el vientre y expulse el aire lentamente. A continuación, suba los hombros hasta la altura de las orejas y manténgalos en esa posición. Fíjese en lo difícil que resulta respirar así. Ahora, empiece a bajarlos muy lentamente con unos movimientos apenas perceptibles; cuanto más lentos sean, tanto más efectivo será el ejercicio. Tómese un minuto entero para bajarlos del todo y deje que su respiración vaya ganando en profundidad a medida que descienden.

Si ha realizado correctamente el ejercicio, tendría que sentir cómo después que los hombros lleguen a su posición normal da la sensación de que siguen bajando y bajando hasta casi llegar a la altura de la cintura... Cuando por fin haya detenido los hombros, fíjese en la agradable sensación de relajación que proporciona el ejercicio y conclúyalo con una inspiración y espiración profundas y pausadas.

ESTIRE LA ESPALDA

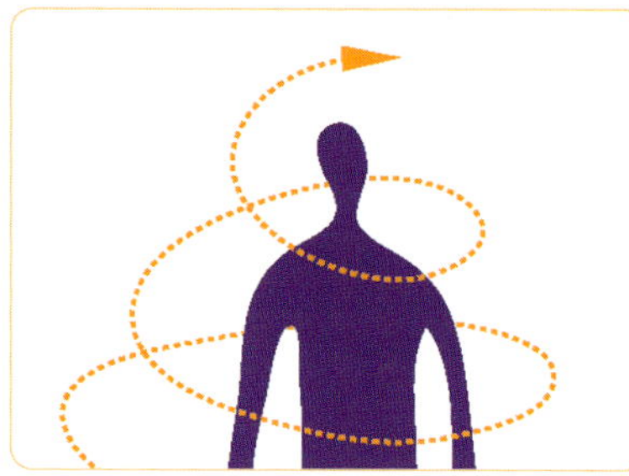

Este ejercicio, cuya finalidad es ayudar a mantener la columna flexible y sana, me lo enseñó un quiropráctico. Para realizarlo se necesitan algo menos de cinco minutos, así que inténtelo practicar dos veces al día a poco que pueda.

Siéntese en el borde de una silla. Inspire hondo, espire y dirija toda su atención al cuerpo. Levante entonces la rodilla izquierda, sosténgala con las manos y, sin forzar, súbala en dirección a su frente; a continuación, bájela y repita el mismo movimiento con la rodilla derecha.

Repita esta secuencia diez veces con cada pierna asegurándose de que estira la columna vertebral pero sin forzar en ningún momento los movimientos. Con el tiempo, tendría que notar cómo las rodillas llegan cada vez más cerca de la frente.

Una vez concluidas las series, levántese, coloque la mano derecha a la altura de la cintura del lado derecho e inclínese lentamente hacia ese mismo lado. Deje que la cabeza se incline también, de manera que la columna adopte una ligera curvatura lateral. Recupere la postura erguida, coloque la mano izquierda en la cintura de ese mismo lado y esta vez inclínese hacia la izquierda. Repita diez veces cada movimiento.

Concluya el ejercicio entrelazando las manos y alzándolas por encima de la cabeza, con las palmas mirando hacia el techo. Levántelas hasta notar cómo las costillas suben también e inspire al tiempo que se estira. Intente estirarse un poco más y relaje entonces los músculos suavemente al tiempo que espira.

RELAJE LOS HOMBROS

En ocasiones, uno no se da cuenta de cómo se han cargado los hombros como consecuencia de la tensión acumulada hasta al término de un día interminable y difícil. Si suele ocurrirle con frecuencia, intente poner en práctica estos suaves pero eficaces estiramientos cada día. Considérelos como una inversión de tres minutos en su bienestar.

Colóquese de pie con la espalda bien erguida y las piernas separadas. Inspire hondo, espire y centre toda su atención en el hombro derecho. A continuación, imagínese que tiene un trozo de tiza pegado en la parte exterior del mismo. Al tiempo que respira hondo y de un modo pausado, describa lentamente con el hombro cinco círculos en el sentido de las agujas del reloj. Empiece dibujando con la tiza un círculo pequeño y agrándelo de manera progresiva. A continuación, dibuje cinco círculos (también cada vez más grandes) en el sentido opuesto al de las agujas del reloj. No tenga prisa. Sienta cómo los músculos y los ligamentos del hombro se estiran y se relajan. Acto seguido, repita la misma secuencia de movimientos con el hombro izquierdo.

Una vez haya finalizado, entrelace los dedos y estire los brazos por detrás de la espalda, con las palmas mirando en dirección opuesta a usted. Estire el pecho hacia adelante y tire los hombros hacia atrás de modo que note cómo se dilata y abre el pecho.

Por último, estire la parte posterior de los hombros. Para ello, entrelace los dedos de las manos y estire los brazos, hacia delante, a la altura de los hombros, con las palmas hacia afuera, mientras inclina la cabeza levemente hacia delante. Sin dejar esta postura, estire los brazos hacia fuera y note cómo se relaja la mitad superior de la espalda.

RECOBRE SU EQUILIBRIO

Sin moverse en absoluto y sin prisas, responda a las tres siguientes preguntas:

- ¿Qué postura tiene? Fíjese en los hombros, la curvatura de la columna, si las plantas de los pies tocan el suelo...

- ¿Hasta qué punto afecta dicha postura al modo en que respira? ¿Le impide inspirar profundamente?

- Si le fotografiaran ahora mismo, ¿qué imagen o sensación transmitiría? ¿De energía, porte y calma o, por el contrario, de tensión y cansancio?

Si la respuesta a alguna de estas preguntas tiende a ser negativa, no se preocupe. Adoptar una mala postura es sólo un hábito que se puede cambiar. Le propongo la siguiente solución inmediata: imagínese que tiene un cordel dorado atado como por arte de magia a la parte superior de la cabeza y que apunta hacia el cielo.

Deje que dicho cordel tire de usted como si fuese una marioneta, de manera que poco a poco su cuerpo vaya ganando altura y prestancia: la columna tiene que estar erguida y relajada al mismo tiempo, y la caja torácica debe poderse dilatar tranquilamente. Los hombros, a su vez, tienen que estar en una posición cómoda, y la cabeza, bien levantada; por otro lado los pies tienen que estar tocando el suelo y los brazos y las manos, relajados.

Fíjese en lo cómoda que es esta postura y recurra tantas veces como precise a esta imagen del cordel dorado para respirar hondo, llenarse de energía positiva y transmitir una imagen de serenidad, autoridad, energía y relajación.

ADOPTE UNA ACTITUD POSITIVA

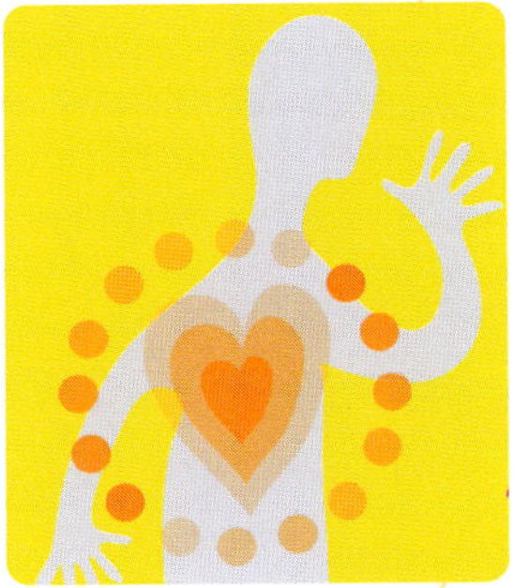

El estrés conduce inevitablemente a un sentimiento de rabia y frustración que puede acabar afectando a la relación con los compañeros de trabajo. Si en alguna ocasión se encuentra encallado en una negociación sin salida o se siente enfadado o frustrado ante el comportamiento de un compañero, no lo dude, es el momento de cambiar de actitud.

Cuando sentimos rechazo hacia una persona, el cuerpo se carga de tensión y es como si de repente nos costara hablar: las cuerdas vocales se vuelven rígidas y distorsionan nuestra voz, no respiramos bien y nuestros modales pueden volverse hoscos o incorrectos.

Los compañeros de trabajo son las personas que pueden ayudarle a aliviar esa tensión, así que cultive su relación con ellos. Cuando note que empieza a perder los nervios, deténgase unos minutos a analizar qué lo ha motivado. Respire hondo y excúsese unos instantes. Tome consciencia de la negatividad de sus sentimientos y apártese de ellos mentalmente. Dé un paseo de un minuto para recuperar la compostura y recuerde que todo el mundo merece ser tratado con respeto.

Cuando reanude la discusión, mire directamente a los ojos de la persona en cuestión y obsérvela del modo más objetivo de que sea capaz. Respire hondo y recurra a su yo más ético y cordial. Discúlpese por la interrupción y deje que hable su interlocutor. Sin dejar de respirar hondo, relaje los músculos de la cara y mantenga el contacto visual. Atienda al lenguaje no verbal de su interlocutor: ¿cómo cree que se siente? A medida que usted responda, él debería mostrarse visiblemente relajado, lo que significa que ambos están en el mismo contexto mental para solucionar el problema.

CONCLUSIÓN

Para cualquiera de los que llevamos una vida tan ajetreada y vulnerable al estrés, ser conscientes de la relación existente entre el cuerpo y la mente no tiene precio. Cuando haya asimilado los consejos de este libro, estará en condiciones de dar un giro radical a su vida. Y es que no sólo podrá profundizar en su consciencia de sí mismo, combatir el estrés antes de que degenere en una destructiva tensión, cobrar renovadas energías y estimular su bienestar, sino que además podrá desplegar todo su potencial personal.

Llevarlo a la práctica es sencillo, pero no fácil, ya que requiere determinación. Ahora bien, una vez haya entendido por qué exige ese grado tal de determinación, difícilmente consentirá que nada ni nadie le saboteen ese proceso de transformación.

Uno de los conceptos más importantes de que trata este libro es que un hábito no es más que un comportamiento que repetimos a menudo y de forma mecánica. Por ello, para crear un hábito positivo, es preciso practicarlo de manera consciente y reiterada hasta que se convierta en algo habitual. Nuestro modo de pensar y comportarnos no es más que el resultado de años y años de repetir una y otra vez las mismas cosas. Cuando uno se encuentra con una actividad nueva que despierta su interés, como por ejemplo un nuevo tipo de ejercicio físico o asistir a clases de meditación, al principio tiende a entregarse en cuerpo y alma, pero después de una o dos semanas duras y estresantes tiende a dejarlo de lado por falta de motivación o simplemente puro cansancio y, antes de darse cuanta, ya ha vuelto a los antiguos hábitos.

Si es su caso, es el momento de asumir un nuevo reto. Pregúntese: «¿Soy feliz con el tipo de vida que llevo ahora? ¿Puedo imaginarme una vida mucho más relajada, consciente y enriquecedora?». Si las respuestas son afirmativas, es necesario que comprenda que el poder para cambiar su vida está en usted mismo, en nadie más. Cuando esté preparado, prométase a sí mismo: «Durante el próximo mes y medio (un margen de tiempo lo bastante amplio como para adoptar nuevos hábitos y desprenderse de los viejos), me propongo conscientemente hacer del bienestar mi máxima prioridad, pase lo que pase».

Póngase manos a la obra y elija las técnicas que más le seduzcan de cuantas se han sugerido en este libro. Suele ser de ayuda llevar un diario para tomar consciencia de los progresos que se vayan realizando. Empiece anotando cuál es su situación en el momento de iniciar este proceso de transformación: cómo le afecta el estrés, cómo se siente, cuánto sueño acumulado lleva encima, etcétera. En otra página, describa cómo quiere verse en el futuro, cuando ya haya puesto en práctica las técnicas que se proponen en el libro: cómo espera sentirse, qué aspecto cree que tendrá, lo relajado que estará físicamente, la energía renovada que disfrutará y en qué medida esa nueva situación cambiará su vida. Estas dos páginas han de ser el punto de partida de este proceso, así como el objetivo al que dirija todos sus esfuerzos. Si en alguna ocasión flojea y retoma alguno de los viejos hábitos, no se desanime, intente analizar por qué ha perdido e intente no desviarse en lo sucesivo.

Deseo sinceramente que culmine con éxito este viaje. Tiene el potencial para transformarse a sí mismo. Puede hacerlo.

Clare Harris

LECTURAS COMPLEMENTARIAS

Los siguientes títulos proporcionan útiles lecturas adicionales sobre los importantes temas que se tratan en este libro:

Black, Sara, *Cuerpo y mente en forma*, Blume, Barcelona, 1999.

Roebuck, Chris, *Comunicación eficaz*, Blume, Barcelona, 2000.

Roebuck, Chris, *Delegar eficazmente*, Blume, Barcelona, 2000.

Roebuck, Chris, *Liderazgo eficaz*, Blume, Barcelona, 2000.

Rogers, Jenny, *Técnicas de influencia*, Blume, Barcelona, 2000.

Wills, Judith, *Alimentos que consumimos*, Blume, Barcelona, 2000.

ÍNDICE

N

O

P

Q

R

AGRADECIMIENTOS

El autor desea mostrar su agradecimiento a las siguientes personas: a John Faulkner, profesor invitado del Praxis Centre for Developing Personal Effectiveness, de la Cranfield School of Management, por su amabilidad al permitirme utilizar su Mapa del Equilibrio Vital; a todos mis amigos del Praxis Centre for Developing Personal Effectiveness, de la Cranfield School of Management, en particular a Sandy Cotter por la ayuda prestada en mis investigaciones sobre el estrés y al doctor Digger Harris, por su extraordinaria generosidad al compartir conmigo sus ideas.

PARA CONTACTAR CON LA AUTORA

Si le apetece compartir sus experiencias al llevar a la práctica las técnicas que se sugieren en este libro, o bien precisa más información sobre mis estudios, puede ponerse en contacto conmigo en la dirección clareharris@companyathlete.com.